よくわかる社会保障と税制改革

福祉の充実に向けた税制の課題と方向

イマジン出版

目　次

「よくわかる社会保障と税制改革」への緒言 ── 神野　直彦　9
　　1、先達としての「税制改革に向けて」　9
　　2、原点としての「税制改革の課題と方向性」　10
　　3、「原点」の充実を　12

第1章　社会保障の充実と租税・社会保険料
──────────────── 町田　俊彦　17

はじめに ──────────────────────── 18
Ⅰ　税制における社会保障負担のウエイト上昇 ───── 20
　① 第2次大戦後における「平時の経費の膨張」と社会保障負担
　② OECD加盟国における社会保障負担のウエイトとGDP比負担率の上昇
　③ 日本における社会保障負担のウエイトとGDP比負担率の上昇
Ⅱ　社会保障財源における社会保険料の地位 ────── 28
　① EU加盟国における社会保険料の比率低下、公費依存度の上昇
　② 日本の社会保障財源における公費依存度の低下から回復、低い社会保険料事業主負担の構成比
Ⅲ　消費税の目的税化の問題点 ──────────── 32
　① 社会保険料事業主負担の引下げは賃金を上昇させるか？
　② 消費目的税による基礎年金税方式の問題点

③　社会保障目的税化
Ⅳ　非正規労働者の被用者社会保険への編入と事業主負担の適正化 ———— 40
　　①　社会保険事業主負担の賦課ベースを支払給与総額へ
　　②　非正規労働者の負担能力の引き上げ
　　③　条件整備としての納税者番号制度の導入
Ⅴ　社会保険システムへの租税投入のターゲット化と「包括所得税」の確立を先行させる税制改革 ———— 44
　　①　所得比例型年金への一元化と税方式の最低保障年金
　　②　医療保険・介護保険への公費投入の引き上げ
　　③　認可保育所整備を中心とする保育所整備と住宅対策の充実
むすび ———— 46

第2章　租税負担と税源配分
　　―減税と直間比率是正の30年― ———— 星野　泉　51

Ⅰ　税収確保を怠ってきた減税の30年 ———— 52
　　①　直間比率是正の80年代
　　②　間接税改革の考え方
　　③　細川政権の国民福祉税構想
　　④　財政構造改革案から「恒久的減税」へ
Ⅱ　国際比較で見た日本の公共部門 ———— 60
　　①　公共部門の規模
　　②　失われた30年の税制
　　③　スウェーデンと日本の税財政システム
　　④　増税で「転位」できない日本
Ⅲ　税源配分と地方税 ———— 69
　　①　税源配分の考え方
　　②　地方税の構成
　　③　地域再生型の地方税制へ
Ⅳ　税制のあり方の検討に際して ———— 78

① 普遍主義、選別主義と税制
　　② 地方税の再分配機能について
　　③ 納税環境整備と番号について
　　④ 東日本大震災から

第3章　転機に立つ所得課税の原理的再検討
　　　　　　　　　　　　　　　　　　　　　　中村　良広　85

　Ⅰ　福祉国家の「ゆらぎ」と所得課税改革 ——————— 86
　Ⅱ　課税単位の再検討—世帯単位課税から個人単位課税へ — 91
　　① 課税単位の概念と意義
　　② 課税単位の諸類型
　　③ 課税単位の選択と評価
　　④ 市場経済の発展と課税単位
　Ⅲ　課税ベースの拡大—各種控除の再点検 ——————— 101
　　① 基礎控除
　　② 扶養控除
　　③ 配偶者控除
　　　③-1　見直しの論拠
　　　③-2　制度創設の根拠
　　　③-3　求められる原理的再検討
　　④ 給与所得控除
　　　④-1　給与所得控除見直しの背景
　　　④-2　見直しの具体案
　　　④-3　見直しの影響
　Ⅳ　所得税改革と福祉国家原理 ————————————— 122

第4章　グローバル経済下の法人税制—日本の法人税と
　　　　EUにおける法人税のパラドックス— 関口　智　127

　Ⅰ　はじめに ———————————————————————— 128
　Ⅱ　法人の負担に関する議論と測定方法 ————————— 130

① 法人の負担とは
　　② 法人税の負担に関する測定方法
　　③ 法人税収のGDP比率の国際比較
　Ⅲ　日本の法人税収の対GDP比 ──────── 134
　　① 日本の法人税の対GDP比の高さの要因
　　　①-1　法人税の対象範囲の広さ
　　　①-2　海外進出度の相対的低さ
　　　①-3　法人部門の所得の大きさ
　Ⅳ　EU諸国で2000年代に法人税のGDP比率が高まったのはなぜか？ ──────── 139
　　① 法人税のパラドックス
　　② 全法人部門の動向
　　　②-1　国民経済計算の限界と法人所得の動向（対GDP比）
　　　②-2　全法人部門の分配構造の動向（対GDP比）
　　　②-3　全法人部門の支払配当（対GDP比）の増加
　　　②-4　全法人部門の雇用者報酬（対GDP比）の低下
　　③ 法人部門内（部門別）の動向
　　　③-1　部門別法人所得の動向（対GDP比）
　　　③-2　非金融部門の動向
　Ⅴ　バブル以降の日本企業に何が起きたのか？ ──────── 155
　　① 法人部門の動向
　　② 全法人部門の内部留保の国際比較
　　③ 収益分配構造の変化
　　④ 支払・受取配当額の動向
　　　④-1　法人所得税統計での把握
　　　④-2　源泉所得税統計での把握
　　⑤ 人件費の動向：水準は同等か？
　Ⅵ　むすびにかえて ──────── 170

第5章　社会保障改革における消費税 ──────── 177

Ⅰ　社会保障と税の一体改革 ─────── 町田　俊彦　178
　はじめに ──────────────────────── 178
　　①　「社会保障・税一体改革成案」におけるカムフラージュと
　　　　しての社会保障改革
　　　①-1　社会保障制度の充実（政策増）に必要な公費は消費
　　　　　　税1％程度
　　　①-2　年金と高齢者医療の抜本的改革は先送り
　　　①-3　社会保険の適用拡大と自己負担の「総合合算」が社
　　　　　　会保障充実の中心
　　　①-4　「将来不安」を強める「効率化」（政策減）
　　②　「社会保障税・一体改革成案」閣議報告以降の社会保障改
　　　　革案の具体化、見直し
　　　②-1　「社会保障・税一体改革素案」閣議報告まで
　　　②-2　2012年通常国会会期中の社会保障改革の具体化
　　③　消費税の「社会保障目的税化」と財政再建の財源
　　　③-1　「成案」・「素案」における消費税目的税化と増税分の
　　　　　　使途
　　　③-2　消費税の再増税
　むすび ──────────────────────── 192
Ⅱ　消費税引き上げに際して ─────── 星野　泉　195
　　①　付加価値税（VAT）の負担構造
　　②　負担緩和制度による逆進性緩和
　　③　カナダの消費税逆進性緩和型税額控除（GSTクレジット）
Ⅲ　税源移譲と地方消費税─ドイツの経験から─
　　────────────────────── 中村　良広　208
　　①　消費税増税と税源移譲
　　②　ドイツ付加価値税の政府間配分
　　③　営業資本税廃止と市町村売上税参与
　　④　日本への教訓

著者紹介 ─────────────────────── 224

おわりに ──────────────────── 226

よくわかる社会保障と税制改革への緒言

神野直彦

1　先達としての『税制改革に向けて』

　何事にも「先達はあらまほしき事なり」と、古き時代より言い継がれている。現代の税制改革を考える上で、必ず繙かなければならない「先達」として、生活経済政策研究所が2007年に刊行した『税制改革に向けて―公平で税収調達力が高い税制をめざして―』がある。ある問題を考案しようとする際に、読むことを怠ってはならない書物を「古典」というのであれば、この生活経済政策研究所の『税制改革に向けて』は、紛れもなく税制改革の「古典」といってよい。

　本書は税制改革の「古典」である『税制改革に向けて』を受け継ぎながら、世に問う自信作、『税制改革の構想』の2011年版である。もっとも、このように緒言で、『税制改革に向けて』は「古典」で、本書は自信作だと述べてしまうと、いかにも自画自賛の言葉に聞こえてしまうかもしれない。しかし、筆者は本書でも『税制改革に向けて』でも、執筆に携ったメンバーではなく、部外者である。したがって、筆者は部外者として、本書に讃美の声をあげているのである。

　もっとも、筆者は生活経済政策研究所の責任者を務めていたという意味では、本書や『税制改革に向けて』とは無関係ではなく、自画自賛といわれても止むを得ない。もちろん、緒言を引き受けたのも、生活経済政策研究所との深い関係があればこそである。とはいえ、筆者は飽くまでも本書の執筆者ではなく、ここでの緒言という

意味は「序文」や「はしがき」という意味ではなく、読み解くための糸口という程度の意味である。

2 原点としての「税制改革の課題と方向性」

『税制改革に向けて』を「古典」として評価するのは、主査を務められた町田俊彦教授の手になる「総論」として位置づけられていた「税制改革の課題と方向性」が、光輝いているからである。町田教授は『税制改革に向けて』の「はじめに」で、「『小さな政府』と『財政再建』をめざして進められようとしている政府・与党の大幅増税に対して、生活者の立場からのオルタナティブを提起すること」に、このプロジェクトの目的があることを明らかにしている。

こうした目的から町田教授は、税制改革を推進するメイン・ストリームの目標と価値観に異議を申し立てることから着手している。もちろん、それは「生活者の立場」からの異議申し立てである。この異議申し立てを、町田教授は財政学の正統な方法論に従って、見事に実行したといってよい。

というのも、町田教授はドイツの偉大な財政学者シュメルダース（G. Schmölders）が、財政学の伝統として指摘する「現実への関心」にもとづいて、歴史的分析と国際比較分析を立体的に組み合わせながら、現実をして語らしめることで、異議を申し立てているからである。つまり、新自由主義というメイン・ストリームが定着化させ、メディアが宣伝した「常識」を、町田教授は立体的分析を駆使しながら事実をもって、物の見事に引っ繰り返してしまったのである。

真理とは全体的なものである。真理の解釈権を、ルネサンスによって、科学が宗教にとってかわって牛耳ることになる。とはいえ、科学も常に過ちを犯す。宗教が全体真実を説き明かそうとするのに対して、科学は観察の対象として設定した、部分真実のみを説き明かそうとする。しかし、ジグソー・パズルの一つの小片のみに焦点

を絞り、部分真実を探究しようとすると、全体真実を見失い、誤りを犯すことになる。もちろん、まず全体真実を説こうとすることは不可能なので、宗教のように神秘性を帯びることになる。

　部分真実のみを説こうとする科学の限界を克服しようとすれば、全体事実に接近できるように、部分と部分を突き合わせる努力を怠らないことである。特に少なくとも経済と政治との交錯現象と考えられる。財政現象を分析しようとすれば、部分と部分とを突き合わせながら、複眼的に分析していく必要がある。町田教授は部分と部分とを突き合わせ、複眼的分析から真理に接近しようとしているのも、こうした意図にもとづいていると考えられる。
「生きるということ」への新しき意義を見い出し、新しきヴィジョンを描こうとする者は、現状の価値観を支配するメイン・ストリームの「常識」に内在する欺瞞を暴き出さなければならない。町田教授は現状分析でメイン・ストリームの欺瞞を見事に暴き出しているけれども、その目的は暴き出すこと、それ自体にあるのでない。その目的は、未来への希望を育むことに設定されている。

　もちろん、未来への希望を育むといっても、それは「生活者の立場」からの希望である。つまり、「生活者の立場からのオルタナティブ」として、希望を育む税制改革の方向性を提起することが意図される。

『税制改革に向けて』の「総論」で町田教授が提起した税制改革の希望への方向性は、（一）「包括所得税」の確立、（二）社会保険の収入基盤の強化、（三）消費税の小幅な引き上げと地方への財源移譲、（四）環境税の導入、の四点にまとめられている。ここで注意しておきたい点は、現状認識でも事実をもって語らしめた町田教授は、「福祉国家原理」などの価値観をアプリオリに前提にして、そこから導き出される改革路線を押し付けてはいないという点である。というよりも、生活者自身が生活者として改革路線を、協力し合いながら見い出していくという想定となっているといってもいいすぎではない。

3 「原点」の充実を

　『税制改革に向けて』の「総論」として町田教授が精魂込めて執筆した「税制改革の課題と方向性」を「原点」として、『税制改革に向けて』では社会保障制度、個人所得課税、消費税制度にかかわる各論が配置され、総論を補強している。しかも、『税制改革に向けて』の「総論」を「原点」として、『税制改革の構想』の各年版を刊行することになる。もちろん、本書もその一つである。

　本書における事実上の総論も、町田教授による「社会保障の充実と租税・社会保障」だといってよい。というのも、「社会保障の充実と租税・社会保険料」というタイトルからも容易に理解できるように、それは現在の最大政策課題となっている「社会保障・税一体改革」を取り扱っているからである。

　もっとも、「社会保障・税一体改革」についても、既に『税制改革に向けて』の「総論」で方向性が打ち出されている。したがって、「社会保障の充実と租税・社会保険料」の論述も、『税制改革に向けて』の「総論」の応用問題として叙述されているにすぎないと考えていた。

　ところが、この「社会保障の充実と租税・社会保険料」の論稿は、良い意味で予想を裏切る圧巻の内容となっている。町田教授は立体的分析を駆使しながら、「社会保障・税一体改革」をめぐって、メイン・ストリームが形成した「常識」をも見事に喝破しているからである。

　財政民主主義から導き出される租税原則に、目的税を否認する目的拘束禁止の原則がある。しかし、消費税と社会保障給付については、目的拘束関係を形成することこそが必要だという「常識」が定着している。この「常識」についても、町田教授は現実をもって語らしめることによって、その欺瞞を暴いている。

　既に述べたように、この緒言は「序文」あるいは「はしがき」で

はないので、それぞれの章の内容を要約する立場にはない。とはいえ、法人税制を取り上げた関口智教授の「グローバル経済下の法人制—日本の法人税とEUにおける法人税のパラドックス」は、町田教授と同様の立体的分析から、日本の法人税の負担にかかわるメイン・ストリームの「常識」と欺瞞を、見事に喝破している出色の論稿であることを指摘しておきたい。この論稿が町田教授の「総論」を補強して、本書の錦絵を織りなしている。

　本書の部外者として無い物ねだりをすれば、東日本大震災という非常時における租税の動員についての方向性が、取り上げられていない点を指摘することができる。もっとも、本書が東日本大震災について触れていないわけではない。しかし、「社会保障・税一体改革」とともに、大災害における税制改革についても、真正面から取り上げるべきアジェンダだったと思われる。

　もう一つ指摘しておくと、地方分権改革あるいは地域主権改革という視点が、本書には欠落している。もちろん、「原点」としての『税制改革に向けて』の「総論」では、地方分権が一つの軸を形成し、「消費税率の小幅な引き上げと地方への税源移譲」が打ち出されている。ところが、「原点」が打ち出した消費税の「地方への税源移譲」を、本書は真正面から否定している。

　繰り返して指摘すると、町田教授は立体的分析を駆使し、部分と部分を突き合わせながら真理に接近しようとしている。シャウプ勧告をみても、税源配分論と事務配分論は表裏の関係にある。歴史分析と国際比較分析から明らかにされる日本の事務配分の特色は、「国の事務」の執行をも、自治体の任務としている点にある。

　西尾勝東京大学名誉教授は「事務事業は大幅に都道府県と市区町村に分散されているものの、実質的な決定権は国に高度に確保されている」ので、「事務事業の分散に見合った課税権の分散、いいかえれば国税から地方税への税源移譲を強く要求せざるを得ないのである」と唱えている。部分と部分とを突き合わせ、真理に迫ろうとする町田教授のアプローチでは、当然のことながら事務配分と税源

配分とは突き合わされることになる。

　ところが、本書では事務配分は視野の外に置き、国税と地方税の税収構成だけから、町田教授の唱える税源移譲を否定する。というよりも、まず結論を先に決め、それに都合の良い部分真実のみをもってきているといってよい。もちろん、それは部分と部分を突き合わせて、全体真実に迫ろうとする町田教授のアプローチではない。

　東日本大震災は関東大震災や阪神淡路大震災と相違して、漁村や農村、それに中小都市や大都市という多様な地域社会を、広範囲に巻き込んだ大災害である。したがって、その復興は地方分権的に意志決定される必要がある。

　ところが、地域主権改革は東日本大震災で頓挫してしまっている。そうした時期だからこそ、大震災という非常事態に対し、地方分権なり地域主権改革なりを視野に取り込んだ、税制改革の方向性は望まれたはずである。

　敢えて繰り返すと、本書の「原点」は『税制改革に向けて』の「総論」にあると考えられる。そもそも「点」には、面積もなければ、長さもない。ただ位置だけを示している。「原点」とは物事を考える時の出発点を意味している。本書も出発点からの「点」を忘れてはならないはずである。というよりも、本書の「点」とは何かを考えながら、本書を読み解いて欲しいと願っている。

　新しきヴィジョンの実現を志す者達の使命は、既成の「常識」が示す目標と価値観に異議を申し立てながら、異議を申し立てる対象と同程度に明確なオルタナティブを提起することである。しかし、未だ存在しないものを、現実に存在するものと同程度に、明確にデザインすることは極めて困難である。しかも、現実は常に変化してしまう。

　そのため新しきヴィジョンの実現を志す者達は、対話を重ねながら、現実の変化に対応したヴィジョンへと、精緻化していく努力が必要となる。本書自身がそうしたヴィジョンを精緻化していく努力であり、さらに本書が叩き台となって対話が巻き起こり、新しきヴ

ィジョンが着実に形成されることを願っている。

第 1 章
社会保障の充実と租税・社会保険料

町田俊彦

はじめに

　社会保障の高齢化に伴う自然増（一般会計ベースで約１兆円）への対処、2010～11年度予算では「埋蔵金」で調達した基礎年金への国庫負担の1/2への引き上げの財源措置及び小泉内閣の構造改革で脆弱化した生活保障機能を再生するための政策増への対応という面からみて、税制改革は最も重要な政策課題になっている。年金改革１つをとっても、国民の将来生活に大きな影響を与え、相当年数の経過措置が必要となるので、社会保障と財源の抜本的改革を先送りし続けることは許されない。

　「社会保障と税制」の与野党協議という場合、社会保障は消費税引き上げの口実として使われている感が強い。安心できる現在・将来の生活を支える社会保障プランを示すことなく、消費税増税を提起した場合には、昨年夏の参議院選挙で示されたように、多くの国民の拒否反応に会う。また社会保障の財源は、消費税増税によってしか調達できないわけではなく、直接税の改革も課題とすべきである。また社会保障の中核が社会保険システムとなっていることから、社会保険料にどの程度依存するかが、税制を検討する場合の前提となる。

　日本では、付加価値税率（消費税率）が５％と、導入していないアメリカを除く先進国の中で最も低いことから、基礎年金を社会保険方式から税方式に切り替え、消費税を基礎年金の目的税にするという改革案が財界主導で提起されている。日本経団連が2009年２月17日に発表した提言「国民全体で支えあう持続可能な社会保障制度を目指して―安心・安全な未来と負担の設計」では、基礎年金の税方式化、消費税率の17％台への引き上げを提案している。

　民主党の2009年衆議院選マニフェストにおける年金改革構想では、最低保障年金（月額７万円以上）の導入とその財源としての消費税（目的税）の充当を掲げた。菅首相は2011年１月４日の年頭会見で、「社会保障と税制の与野党協議を始め、2011年６月をメドに

方向性を示したい」と表明、1月5日の民放テレビ場番組では「政治生命をかける覚悟」と一層積極的姿勢を示した。政策を論じるよりも解散総選挙に追い込むことを最優先している野党が与野党協議に応じる見込みは薄い。注目されるのは、2011年1月14日に発足した改造内閣にたちあがれ日本（昨年の参議院選マニフェストで税方式の最低保障年金を「ただ乗り助長型福祉」と批判）を離党する形で与謝野馨が経済財政相に就任したことである。1月14日の就任記者会見で、与謝野馨は「（基礎年金の）税方式だと膨大な財政需要が出てくる。それが実現可能か」と指摘している。同日の記者会見で菅首相は、年金の税方式にはこだわらない考えを表明した。藤井裕久新官房副長官は、消費税率を引き上げる時は社会保障の目的税とすべきであり、社会保障にしか充当しない会計をつくるという考え方を表明した。こうして菅改造内閣では十分な党内討議を経ないうちに、閣僚・党役員人事のレベルで消費税の「社会保障目的税化」（一般会計・社会保障関係費に計上されてきた社会保障費の国費負担分を消費税で賄う方式）への布陣を整えた。

　消費税の社会保障目的税化は、社会保障と税の一体改革の「成案」（2011年6月、閣議報告・了承）、「素案」（2012年1月、閣議報告・了承）、「大綱」（2012年2月、閣議決定）に盛り込まれた。

　これらの改革論は、税方式に切り替えた基礎年金あるいは最低保障年金、または社会保障費の国庫負担分について、消費目的税を充当するという点で、他の先進国では例をみないユニークな改革案になっている。そこで本稿では、年金改革を中心としながら、社会保障の充実とリンクした税制改革のあり方について社会保険料を含めた広義の税制を射程として検討する。ここでは財政方式として社会保険方式と租税方式のいずれを選択するかという論点と社会保険方式を採る場合に租税と社会保険方式のウエイトをどのように考えるべきかという論点を区別する必要がある。

I
税制における社会保障負担のウエイトの上昇

1　第2次大戦後における「平時の経費膨張」と社会保障負担

　周知の通り、ピーコック＆ワイズマンは、イギリスの政府支出の長期統計を分析して、趨勢的に政府規模が拡大するとしたA.ワグナーの「経費膨張の法則」（国家活動の増大の法則）を批判して、「転位効果」を明らかにした。財政支出は平時には増税に対する国民の抵抗が強いため、顕著に拡大することはない。世界戦争や世界恐慌のような大きな混乱を契機に急激に拡大し、混乱が去った後に元の水準に戻らないという形で断続的に経費膨張は生じるとし、これを転位効果と呼んだ。世界戦争期などに国民は増税を受け入れ、混乱が去った後、混乱時の高い租税負担に慣れてしまうため、経費規模は元の水準には戻らないと説明した。

　では第2次大戦後の平時における経費規模（GNPまたはGDP比の相対的財政規模）の上昇は、国民の増税への抵抗という制約をいかに乗り越えたのか。その要因としては、第1に大幅な所得税の「自動的増加」（自然増収）があげられる。第2次大戦期に先進国では物価上昇下の課税最低限の引き下げにより、個人所得税が大衆課税化した。1950年代半ば〜1970年代半ばに、インフレを伴う順調な経済成長の下で、累進課税の所得税は大幅な増税を行わなくとも多額の自然増収をもたらした。第2に平時の経費膨張は、年金、医療など多くの先進国では社会保険給付の急増を中心としており、その財源の多くを社会保険料が大半を占める社会保障負担から調達された。給付水準の引き上げや高齢化に伴う社会保険給付の膨張に対応

して社会保険料率は引き上げられたが、増税と比較して国民や企業の抵抗は弱かった。

多くのヨーロッパ先進国では19世紀末と20世紀前半に、傷害、疾病、失業、退職後の所得保障のために被用者に限定した強制加入の社会保険システムを導入した[1]。社会保険料と給付は、一般に所得と関連づけられた。先進国では1950年代後半には、被用者よりも広い階層の経済的安定のための制度を政府は整備すべきであるという広範なコンセンサスが生まれ、自営業層や他の社会階層は徐々に社会的セーフティネットに組み入れられた。いくつかの国では社会保障制度の財源を一般税とする途を選択したが、大半の国では財源の多くは社会保険料であり、不足分を一般税または目的税によって補完している。ヨーロッパ大陸諸国では、所得保障を行うほとんどの制度について、社会保険料を主な財源とする社会保険システムで運営している。一方、英語圏の国では多くの財源を一般税に依存しているが、社会保障制度の規模は小さい。

社会保険システムを中核とする国では、給付額は過去の社会保険料負担額と完全ではないが、何らかの比率で対応していることから、租税とは異なる財源とみなされることが多い。そこで負担増への国民の抵抗は、一般税と比較して弱い。経済が順調に成長している時期には、企業も労資協調制を強める上からも社会保険料引き上げに寛容であった。

2　OECD加盟国における社会保障負担のウエイトとGDP比負担率の上昇

1965年以降のOECD加盟国における租税体系（以下、特記しない限り、租税には社会保障負担が含まれる）の推移をみると、第1期（1965～1975年）、第2期（1975～1990年）、第3期（1990～2000年）、第4期（2000年以降）の4期に区分される。

---

[1] 社会保険システムと社会保険料の歴史については、Ken Messere, u. a.［2003］p. 101～103による。

図表1-1　OECDの租税・社会保障負担の構成
―加盟国の計数の算術平均値―

%

	1965	1970	1975	1980	1985	1990	1995	2000	2005	2007
所得課税	34.7	36.3	37.1	38.2	36.9	37.7	35.3	36.1	35.1	36.4
個人所得課税	26.2	28.0	29.8	31.3	29.7	29.7	27.0	25.7	24.6	25.3
法人所得課税	8.8	8.7	7.6	7.6	8.0	8.0	8.0	10.0	10.3	10.8
財産課税	7.8	7.1	6.3	5.3	5.3	5.7	5.5	5.6	5.6	5.6
消費・サービス課税	38.4	36.1	32.8	32.5	33.7	31.9	32.5	31.6	32.0	30.9
消費課税	36.2	34.2	31.1	30.9	32.1	30.4	30.8	29.8	30.2	29.2
一般消費税	11.9	13.5	13.4	14.2	15.8	17.4	17.7	18.3	19.0	18.6
個別消費税	34.3	20.7	17.7	16.7	16.2	12.9	13.1	11.5	11.2	10.5
社会保障負担	17.6	19.1	22.0	22.1	22.1	22.3	24.7	24.9	25.6	25.2
被用者負担	5.8	6.1	6.9	7.1	7.5	7.8	8.3	8.5	8.9	8.9
事業主負担	9.8	10.9	13.8	14.0	13.3	13.1	14.2	14.6	14.8	14.6
計	100.0	100.0	100.0	100.0	100.0	100.0	100.0	100.0	100.0	100.0

（出所）OECD, *Revenue Statistics 1965-2008*, 2009.

　順調な経済成長が進行した第1期には、財産課税と消費・サービス課税の構成比が低下して、所得課税と社会保障負担の構成比が上昇した（図表1-1参照）。所得課税では法人所得課税が小幅な低下を示して、個人所得課税のウエイトが上昇した。消費・サービス課税の大半を占める消費課税では、個別消費税のウエイトが大幅に低下した半面、付加価値税に統一されつつあった一般消費税のウエイトは小幅な上昇を示した。社会保障負担では、被用者負担の上昇は1.1ポイントにとどまる一方で、事業主負担の上昇は4.0ポイントと大幅であった。GDP比の租税負担率は上昇したが、税目別にみると負担率が上昇したのは個人所得課税と社会保障負担であった（図表1-2参照）。

　ニクソン声明（1971年夏）を契機とする1973年からの変動相場制への移行、1973年秋の第1次石油危機を主な要因として、先進国経済は低成長期に入った。1980年前後からアメリカとイギリスでは、所得税率のフラット化、付加価値税率の大幅引き上げ（イギリス）といった反ケインズ派の市場原理主義にも基づく税制改革が行われたが、1990年までの第2期にはOECD加盟国全体としてみれば、租税体系は安定的であった。構成の変化は消費課税の中で一般消費税

図表1-2　OECD加盟国の租税負担率、GDP比

%

	1965	1970	1975	1980	1985	1990	1995	2000	2005	2007
所得課税	9.0	10.2	11.2	11.9	12.2	12.9	12.4	13.1	12.8	13.2
個人所得課税	7.0	8.1	9.3	10.1	10.1	10.4	9.7	9.6	9.1	9.4
法人所得課税	2.2	2.3	2.2	2.3	2.6	2.6	2.7	3.6	3.7	3.9
財産課税	1.9	1.9	1.7	1.6	1.7	1.9	1.8	1.9	1.9	1.9
消費・サービス課税	9.6	9.5	9.3	9.8	10.5	10.5	11.0	11.1	11.2	10.9
消費課税	9.1	9.3	8.8	9.3	9.9	9.9	10.5	10.5	10.6	10.3
一般消費税	3.3	4.0	4.2	4.6	5.2	5.9	6.1	6.6	6.8	6.7
個別消費税	5.8	5.3	4.7	4.6	4.7	4.1	4.3	3.9	3.7	3.5
社会保障負担	4.6	5.2	6.5	7.1	7.6	7.8	8.9	9.1	9.1	9.1
被用者負担	1.5	1.7	2.0	2.3	2.5	2.7	3.0	3.1	3.1	3.1
事業主負担	2.6	3.0	4.1	4.6	4.7	4.7	5.3	5.5	5.5	5.4
計	25.5	27.5	29.4	30.9	32.6	33.7	34.7	36.0	35.7	35.8

（出所）OECD, *Revenue Statistics 1965-2008*, 2009.

の比率上昇、個別消費税の比率低下として現れたにすぎない。GDP比の租税負担率は1975年の29.4％から1990年の33.7％へ上昇したが、内訳をみると消費課税以外の税が少しずつ構成比を高めた。

第3期（1990～2000年）に入ると、所得税率のフラット化の改革が先進国に広く及んだことから、個人所得課税の構成比が目立って低下した。しかし日本でよくいわれているように直間比率の変化、間接税依存度の上昇が進んだわけではない。第1に直接税のうち法人所得課税では、経済のグローバル化、国際的立地競争への対応から法人税率の引き下げ競争が行われたが、構成比はむしろ高まっている。この時期は租税負担率が1990年の33.7％から2000年の36.0％へ上昇を続けたが、個人所得課税負担率が低下した半面、法人所得課税負担率は上昇している。税率引き上げ競争に眼を奪われて、法人所得課税が租税体系の中でのウエイトからみても、GDP比の負担率からみても、役割を高めていることを見過ごしてはならない。税率引き下げと同時に課税ベースを拡大して、純減税にはならない法人税改革を行った国が多いことによる[2]。第2に消費課税の構成比とGDP比負担率はほぼ横ばいである。消費課税の中で個別消費税

2）諸富徹［2009］11～12頁。

から一般消費税へのウエイトの移行は進んでいるが、第1・2期と比較すると小幅になっている。

　経済のグローバル化が進展する中で、事業主が1/2以上を負担する社会保険料について、社会保険システムが社会保障の大半を占め、国際的にみて負担が重いヨーロッパ大陸先進国では、主に財界から負担軽減要求が強く出されるようになった。そこで社会保険料に関連する以下のような改革が行われた。

① 　賦課ベースが賃金に限定される社会保険料への依存度を引き下げ、財産所得を含め所得税の課税ベースに近似的な社会保障目的税を導入し、ウエイトを高める（フランス）。

② 　付加価値税率の引き上げ分の全部または一部を社会保障基金（年金保険、失業保険）に繰り入れ、社会保険料率の引き上げを抑える（ドイツ）。

③ 　環境税（炭素税など）を一般財源として導入するとともに、その税収を社会保険料率の引き上げ抑制に充当することにより、重い社会保険料負担が雇用を縮減することを抑止する（北欧、ドイツなど）。

④ 　100％事業主負担であった社会保険料（年金保険料）について、被用者負担を導入して漸次引き上げるとともに、所得税制で社会保険料控除を導入する（スウェーデン）。

　こうした改革にもかかわらず、OECD加盟国全体としてみれば、個人所得課税の構成比と負担率の低下を埋め合わせたのは社会保障負担である。直接税から間接税への移行ではなく、個人所得課税から社会保障負担と法人所得課税への移行が進んだのである。

　第4期に入ると、租税負担率は約36％で横ばいに転じるとともに、所得課税、消費課税、社会保障負担の構成比も安定的に推移した。ただし所得課税の中では、個人所得課税の比率が小幅な低下を示し、法人所得課税の比率が小幅な上昇を示した。2007年における社会保障負担の構成比は25.2％、GDP比負担率は9.1％となっており、1965年と比較して構成比で7.6ポイント、GDP比負担率で4.5ポイ

ント上昇している。社会保障を中心とする現代財政は財源面では、社会保障負担に大きく支えられて、膨張してきたことが分かる。

3　日本における社会保障負担のウエイトとGDP比負担率の上昇

　日本における租税体系の推移をみると、高度成長期の1965〜70年には法人所得課税の比率が上昇し、消費課税の比率が低下する形で直間比率が変化している（図表1-3参照）。高度成長が終息した1970〜75年には、消費課税とともに法人所得課税の比率が低下し、個人所得課税と社会保障負担の比率が上昇した。GDP比の租税負担率は1965〜75年には18.2％から20.8％に2.6ポイントと小幅な上昇にとどまったが、社会保障負担が4.0％から6.0％と2.0ポイント上昇し、寄与度が大きかった（図表1-4参照）。

　1975〜90年は租税負担率が20.8％から29.1％へ急上昇した時期であるが、消費課税の比率は30％強で横ばいに転じ、租税体系は安定的であった。1990〜95年にはバブル崩壊に伴い租税負担率は29.1％から26.8％に低下した。法人所得課税のみならず、個人所得課税も構成比と負担率を低下させ、社会保障負担のみが22.3％から24.7％へ目立って比率を高めた。1995〜2007年に租税負担率はなだらかな上昇に転じ、租税体系の変化も緩慢になった。個人所得課税の比率と負担率の低下が2005年まで続く一方で、社会保障負担の比率と負担率が小幅な上昇を示した。消費税率の引き上げにより一般消費税の比率は上昇したが、個別消費税の比率が低下したため、消費課税の比率は横ばいで推移している。

　1965〜2007年に租税負担率は18.2％から28.3％へ約10ポイント上昇したが、社会保障負担は4.0％から10.3％へ約6ポイント上昇しており、寄与度は6割に達する。OECD加盟国平均では寄与度は約4割であるから、政府への不信感が強く、増税が著しく困難な日本では、経費膨張に対応した財源膨張の社会保障負担への依存度がきわめて大きい。注目されるのは、社会保障負担のうちの被用者負担と

図表1-3　日本の租税・社会保障負担の構成

%

	1965	1970	1975	1980	1985	1990	1995	2000	2005	2007
所得課税	43.9	47.7	44.6	46.1	45.8	50.2	38.3	34.8	33.8	36.4
個人所得課税	21.7	21.5	23.9	24.3	24.7	27.8	22.4	21.1	18.3	19.6
法人所得課税	22.2	26.3	20.6	21.8	21.0	22.4	15.9	13.8	15.5	16.8
財産課税	8.1	7.6	9.1	8.2	9.7	9.4	12.2	10.5	9.7	9.0
消費・サービス課税	26.2	22.4	17.3	16.3	14.0	13.7	15.8	19.3	19.4	18.0
消費課税	25.0	20.9	15.1	14.1	12.1	12.0	13.8	17.0	17.2	15.9
一般消費税	—	—	—	—	—	4.4	5.4	9.1	9.5	8.8
個別消費税	25.0	20.9	15.1	14.1	12.1	7.5	8.3	8.0	7.7	7.1
社会保障負担	21.8	22.3	29.0	29.1	30.3	26.4	33.5	35.2	36.8	36.4
被用者負担	7.2	8.5	10.8	10.2	10.8	10.6	13.8	14.7	15.9	15.9
事業主負担	9.5	11.6	15.1	14.8	15.4	12.7	16.0	16.4	16.8	16.5
計	100.0	100.0	100.0	100.0	100.0	100.0	100.0	100.0	100.0	100.0

（出所）OECD, *Revenue Statistics 1965–2008*, 2009.

図表1-4　日本の租税負担率、GDP比

%

	1965	1970	1975	1980	1985	1990	1995	2000	2005	2007
所得課税	8.0	9.4	9.3	11.7	12.5	14.6	10.3	9.4	9.3	10.3
個人所得課税	3.9	4.2	5.0	6.2	6.8	8.1	6.0	5.7	5.0	5.5
法人所得課税	4.0	5.2	4.3	5.5	5.7	6.5	4.3	3.7	4.3	4.8
財産課税	1.5	1.5	1.9	2.1	2.7	2.7	3.3	2.8	2.6	2.5
消費・サービス課税	4.8	4.4	3.6	4.1	3.8	4.0	4.2	5.2	5.3	5.1
消費課税	4.5	4.1	3.1	3.6	3.3	3.5	3.7	4.6	4.7	4.5
一般消費税	—	—	—	—	—	1.3	1.5	2.4	2.6	2.5
個別消費税	4.5	4.1	3.1	3.6	3.3	2.2	2.2	2.1	2.1	2.0
社会保障負担	4.0	4.4	6.0	7.4	8.3	7.7	9.0	9.5	10.1	10.3
被用者負担	1.3	1.7	2.2	2.6	3.0	3.1	3.7	4.0	4.4	4.5
事業主負担	1.7	2.3	3.2	3.8	4.2	3.7	4.3	4.4	4.6	4.7
計	18.2	19.6	20.8	25.4	27.4	29.1	26.8	27.0	27.4	28.3

（出所）OECD, *Revenue Statistics 1965–2008*, 2009.

事業主負担の伸びの格差である。1965～75年には同程度の伸びであったが、1975～2007年には被用者負担の構成比が10.8％から15.9％へ約5ポイント上昇したのに対して、事業主負担は15.1％から16.5％へ1.4ポイント上昇したにすぎない。事業主負担が高い労災保険料（全額事業主負担）や雇用保険料（雇用安定事業と能力開発事業から成る雇用保険二事業については全額事業主負担）の料率が引き下げられる一方で、事業者負担の割合が1/2と低い年金保険料や健康保険料の料率が引き上げられたことによる。財源膨張の社会保

障負担への大幅な依存は、主に被用者負担の急増によるものであることに留意しなければならない。

II
社会保障財源における社会保険料の地位

1　EU加盟国における社会保険料の比率低下、公費依存度の上昇

　租税体系において、社会保険料の構成比が上昇するか、横ばいであったとしても、社会保障費の財源の中での社会保険料の構成比が低下することはありうる。高齢化に伴い、財政支出の中で社会保障給付費の構成比が上昇する傾向があるからである。EU加盟15ケ国についてみると、租税体系における社会保障負担の割合は1995年29.5％、2000年28.4％、2005年28.4％、2007年28.2％と1990年代半ば以降おおむね横ばいで推移している。一方、社会保護費の財源構成をもみると、社会保険料の比率は1997年の63.4％から2005年の58.9％へ低下し、一般財源（公費負担）の割合が上昇している（図表1-5参照）。一般財源では、社会保障目的税が導入され、比率を高めているベルギーとフランスを除くと、全額または大半が一般税である。

　EU加盟15ケ国についてみると注目されるのは、ドイツやフランスを代表とする、社会保障を社会保険制度によって広くカバーしてきた国々（ビスマルク型、図表1-5の上半分）では、社会保険料の比率は高いが、1997〜2005年に8ケ国のうち5ケ国で目立って低下し、一般財源の比率が上昇していることである。一方、スウェーデンやデンマークなど税財源によって社会保障財源の多くを賄う国々（ベバリッジ型）では、7ケ国のうち5ケ国で社会保険料の比率が上昇し、4ケ国で一般財源の比率が低下している。社会保険に関し異なるスタンスを維持してきた国々の社会保障財源の構造が収

図表1－5　EU社会保護費の財源内訳

(%)

	社会保険料 1997	社会保険料 2005	使用者負担 1997	使用者負担 2005	保険者負担 1997	保険者負担 2005	一般財源(公費負担) 1997	一般財源(公費負担) 2005	目的税 1997	目的税 2005	一般税 1997	一般税 2005	その他の収入 1997	その他の収入 2005
ベルギー	70.8	73.4	48.7	51.4	22.1	22.0	25.8	24.7	6.2	10.8	19.6	13.9	3.4	1.9
オランダ	64.3	67.8	20.6	33.4	43.7	34.4	16.5	19.9	0.0	0.0	16.5	19.9	19.2	12.3
フランス	73.0	65.6	46.6	44.7	26.4	20.9	23.9	30.6	9.2	17.2	16.0	13.4	3.1	3.8
オーストリア	66.1	65.3	39.1	37.9	27.0	27.4	32.9	33.1	0.0	0.0	32.9	33.1	1.1	1.6
スペイン	68.9	64.5	51.6	48.9	17.3	15.6	27.9	33.4	0.0	0.0	27.9	33.4	3.2	2.1
ドイツ	67.2	62.7	38.2	35.0	29.0	27.7	30.0	35.6	0.0	0.0	30.0	35.6	2.7	1.7
ギリシャ	60.8	50.4	37.6	37.7	23.2	22.9	29.6	30.7	3.6	3.5	26.0	27.2	9.6	11.0
イタリア	68.2	57.0	51.2	41.7	17.0	15.3	29.5	41.4	0.0	0.0	29.5	41.4	2.3	1.6
ルクセンブルク	47.7	51.3	25.4	26.9	22.3	24.4	48.0	45.3	4.8	3.2	43.2	42.1	4.2	3.4
フィンランド	48.7	50.2	35.3	38.8	13.4	11.4	44.4	43.7	0.0	0.0	44.4	43.7	6.8	6.1
スウェーデン	46.8	49.8	39.0	41.0	7.8	8.8	46.6	48.0	0.0	0.0	46.6	48.0	6.6	2.3
イギリス	51.2	47.9	26.1	32.4	25.1	15.5	48.0	50.5	0.0	1.1	48.0	49.4	0.8	1.6
ポルトガル	53.1	47.4	35.3	31.7	17.8	15.7	37.9	42.2	1.9	1.5	36.0	40.7	9.1	10.4
アイルランド	36.7	40.0	22.9	24.7	13.8	15.3	62.4	53.9	0.0	0.0	62.4	53.9	1.0	6.1
デンマーク	26.9	28.8	8.8	10.3	18.1	18.5	66.8	63.2	0.0	0.0	66.8	63.2	6.4	8.0
EU加盟15ヶ国平均	63.4	58.9	38.6	38.2	24.8	20.7	32.8	37.9	1.9	3.7	30.9	34.2	3.8	3.2

(出所)　宮本章史［2009］96頁。

斂する傾向をみせている[3]。

2 日本の社会保障財源における公費依存度の低下から回復、低い社会保険料事業主負担の構成比

　日本の社会保障は社会保険を中心とするビスマルク型といえるが、社会保障給付の財源における社会保険料の比率は1985年まで約55％と低位であった（図表1-6参照）。公費の投入が年金、医療では行われず、家族手当が社会保険方式（全額事業主負担）で行われているフランスでは、社会保険料のウエイトは1990年代末には3/4に達していた。年金保険に国庫負担が行われているものの、医療と介護には公費が投入されていないドイツでは社会保険料のウエイトは1990年代末に2/3であった。日本の場合、医療保険における中小企業従業員向けの政府管掌健保（現行の協会健保）や自営業、退職者、非正規労働者向けの国民健康保険及び介護保険が財源で公費に大きく依存せざるをえない点が特徴的である。

　1980年代の臨調行革、マイナス・シーリング方式による財政再建の下で、医療保険に対する国庫負担の一部が制度間財政調整に移行したことにより、公費の割合が1/3から1/4に低下し、社会保険料の比率が6割強にまで上昇した。2005年には資産収入の比率上昇により社会保険料と公費の比率がともに低下したが、2008年には公費1/3、社会保険料57％でほぼ1980年の構成比に戻った。2010年以降は、基礎年金に対する国庫負担の割合が1/3から1/2へ引き上げられため、公費の割合が1/5～1/3（イタリアは例外で4割強）に高まったヨーロッパのビスマルク型の国々を上回るのは確実である。留意すべき点は、ビスマルク型の国々と比較して社会保険料の比率が低いのは、事業主負担の比率が1/4（ヨーロッパでは1/3～1/2）と低いことに起因するのであり、被保険者負担の比率は1/3で高い（ヨーロッパでは1/3のオランダを除き15％～28％）ことである。

---

[3] 宮本章史［2009］97頁による。

日本の場合、2000年と2008年を比較すると、社会保険料被保険者負担の割合は変わらないが、事業主負担の比率が2000年の31.4%から08年の26.9%へ低下している。正規労働者を非正規労働者に置き換えることにより、事業主が社会保険料負担を回避できる日本の特徴が社会保障財源の構成の面に端的に現れている。

図表1-6　日本における社会保障給付費の財源内訳

（単位：%）

	1975	1980	1985	1990	1995	2000	2005	2008
合　　　　計	100.0	100.0	100.0	100.0	100.0	100.0	100.0	100.0
社　会　保　険　料	56.8	55.6	56.8	59.6	60.2	61.0	46.5	56.6
事　業　主　負　担	30.4	29.1	29.7	31.7	31.5	31.4	22.4	26.9
被　保　険　者　負　担	26.4	26.5	27.1	27.9	28.7	29.6	24.1	29.7
公　　　　費	33.1	32.9	28.4	24.4	24.4	28.0	25.6	32.2
うち国庫負担金	29.0	29.2	24.3	20.3	19.5	21.9	18.8	23.1
資　産　収　入	8.7	9.7	12.8	12.6	11.5	7.2	16.0	2.0
そ　　の　　他	1.3	1.8	2.0	3.5	3.9	3.8	11.8	10.4

（注）「その他」には積立金からの受け入れ、組合健保等の前期高齢者負担金、後期高齢者支援金などが

（出所）国立社会障・人口問題研究所「社会保障統計年報」2007年版、同研究所企画部「2010年度社会保障費—解説と分析—」『季刊　社会保障研究』第46号、2010年冬季号。

Ⅲ 消費税の目的税化の問題点

1 社会保険料事業主負担の引下げは賃金を上昇させるか？

　消費税の目的税化は、主に基礎年金の税方式への移行と関連づけて「基礎年金目的税」として主張されることが多い。自公政権下の自民党税制調査会は、社会保障の国庫負担分に充当する「社会保障目的税」を主張してきた。

　高山憲之［2000］では、旧厚生省年金局の「事業主の負担が減るので、そのしわよせを受ける形で家計部門の負担が全体として増える」（1998年4月7日の年金審議会資料）という主張に対して、事業主負担分の年金保険料は人件費の一部にほかならない、その引き下げ分は労使交渉を通じて賃金増となる可能性が高いと反論する[4]。消費税への財源切り替えにより事業主の負担は見かけの上では減るものの、その見かけ上の利益は大半が賃金増に吸収されてゆくと考えていいだろうという。

　林宏昭［2009］においても、社会保障国民会議（2008年1月設置）の最終報告（2008年11月）に盛り込まれた基礎年金の税方式（消費目的税）への移行に伴う負担構造の変化に関するシミュレーション結果（被用者の負担増、事業主の負担減）を批判し、「もともと企業の社会保険料負担は人件費と同じことであり、国民経済計算においても雇用者所得には雇い主の社会保険料負担も含まれている。税方式へのシフトによって、企業が負担しなくてよくなる社会

4）　高山憲之［2000］110～111頁。

保険料部分について、その全てではないにしても一旦は家計の所得が増加するものとし、そこから税負担の変化を求めるべきであろう」と述べている[5]。

　高山憲之教授が論拠とするのが、スウェーデンで近年、社会保険料の事業主負担分を引き下げているものの、それは結果的に賃金増につながっているケースが圧倒的に多いという事実認識である。木村陽子氏も、スウェーデンの年金保険料について1995年から被用者拠出が開始され、労使折半を目指して事業主負担は1996年から次第に減少することになっているが、賃金はその分引き上げられるので事業主にとり労働費用総計は変わらない、これは被用者が負担を実感するためであるらしいと説明している[6]。

　スウェーデンの社会保険料の被用者負担と事業主負担の内訳をみた図表１-７によると、1995年には36.81％のうち被用者負担は、医療保険（傷病手当分、医療給付は広域自治体としての県が地方所得税を財源とする税方式で実施）2.95％、付加年金に対する一般保険料１％の計3.95％にすぎず、大半が事業主負担であった。1996年以降の被用者負担の導入は老齢年金保険料に限定したものであり、被用者負担は7.00％で上げ止まりとなっており、2009年においても事業主負担10.21％、被用者負担7.00％で労使折半は実現していない。他方で医療保険への被用者負担はなくなっており、社会保険料38.42％のうち被用者負担は7.00％にすぎず、事業主負担が31.42％で大半を占める負担構造に変化はない。交渉力が強力なスウェーデンの労働組合にしても、社会保険料負担の事業主から被用者への負担のシフトに対応して賃金を引き上げるのは困難である。そこで労働組合が負担のシフトに強く抵抗するため、年金保険料に限定した労使折半は実現困難であり、被用者負担の導入に対応して所得税・地方所得税に「社会保険料控除」を新設するといった対応も行われ

---

5) 林宏昭［2009］77頁。
6) 1993年に社会保険料とは別に被用者に対して年金算定のもとになる所得に対して１％が課される一般保険料が導入されていた。木村陽子［1999］「年金制度」161～162頁。

たのである。高山憲之教授と木村陽子氏の認識はスウェーデン政府の公式見解を鵜呑みにしたのであろう。

　岩本康志・濱秋純哉［2009］では、日本についての実証研究では、完全に賃金に転嫁されるという結論から始まって、部分的に転嫁される、まったく転嫁されない、逆方向の転嫁が生じるまで幅広い結果が得られており、評価は定まってこなかったとまとめている[7]。社会保険料事業主負担は企業が負担するという理解が素直であろう。なお賃金に帰着するという実証研究の結果が得られなくとも、新規雇用の抑制や正規労働者の非正規労働者への置き換えといった雇用への中期的帰着を検討すべきであるという考え方も出されている[8]。この論点は重要であるが、社会保障財源の一部が社会保険料から消費税へ移行した場合の負担のシフトが行われるかどうかの議論とは区別すべきであろう。社会保険料引き下げ分が賃金引き上げに充当されるという議論は、ビスマルク型の国における財界の強い社会保険料引き下げ要求は誤解に基づくという珍妙な結論になる。

2　消費目的税による基礎年金税方式化の問題点

　基礎年金の税方式化についてみると、社会保険方式では一定年数の加入・保険料納付が給付の要件となっていること、1号被保険者で大きな割合の未納者が発生していることが、税方式への移行の最大の理由づけになっている。宮島洋［2008.3］は、無拠出制の租税

---

[7]　岩本康志・濱秋純哉［2009］56頁。駒村康平［2005］では、組合健保と介護保険について事業主負担の帰着に関する計量分析を行い、前者では事業主負担が1％上昇すると平均報酬月額が1.2％低下し、100％以上賃金に転嫁しているという結論を得ている（161頁）。この研究は日本における先駆的研究の1つといわれているが、法人税の転嫁問題と同様に計量分析はモデルの設定、仮説の置き方で結論は多様になるし、転嫁率が120％になるという結論も異様な感じを与える。日本の法人税転嫁の計量分析では転嫁率150％以上という研究もあるので、こうした研究では不可解な結論といえないのかもしれない。ただし社会保険料事業主拠出の賃金への帰着が保険料率引き上げ時について実証されたとしても、保険料率引き下げ時に賃金引き上げが行われということにはならないと考えられる。特に日本のように労働組合の交渉力が弱い場合には。

[8]　酒井正［2009］86～87頁。

図表1-7　スウェーデンの社会保険料率

%

1995			2009		
	事業主負担	被用者負担		事業主負担	被用者負担
付加年金	13.00	1.00	老齢年金	10.21	7.00
基礎年金	5.86		遺族年金	1.70	
部分年金	0.20				
医療保険	6.23	2.95	医療保険	6.71	
労災保険	1.38		労災保険	0.68	
労働安全保険	0.17				
労働市場保険	4.32		労働市場保険	2.43	
給与保障	0.20		両親保険	2.20	
EU拠出金	1.50		一般賃金税	7.49	
計	32.86	3.95	計	31.42	7.00

（注）自営業者には異なる保険料率（2009年：合計29.71％）が適用されている。
（出所）健康保険組合連合会『社会保障年鑑』1996年版、2009年版。

方式では、「ベヴァリッジ報告」や社会保障審議会「昭和25年勧告」が強調した受給権の普遍化（スティグマの解消）という拠出制の社会保険方式における最大の長所が失われるとしている[9]。

後者の租税と社会保険料との比較でみると、①定額の社会保険料は税額としては高所得者が多くを負担する消費税よりも逆進的であり、②所得比例社会保険料も所得控除がなくて租収入に比例料率で課され、高所得者は最高報酬頭打ちにより負担率が低い点で総合累進所得税よりも逆進的であるという欠陥が指摘されてきた。社会保険料の欠陥は主に低所得者のところで重い負担率として生じる。1990年代中頃から欧米では、還付型税額控除を所得税に導入することにより低所得者の可処分所得を引き上げ、ひいては社会保険料負担能力を高めるという国が増えてきている[10]。社会保険料の欠陥に

---

9) 宮島洋［2008.3］17～18頁。
10) 諸外国の還付型税額控除については、森信茂樹（編著）［2008］が詳しい。

ついて、社会保障への租税投入の引き上げまたは租税方式への切り替えだけが解決の途ではない。

　基礎年金の税方式化、消費目的税の導入のメリットとして、現役労働者の負担が集中する社会保険方式と比較して、国民全体が広く薄く負担すること、特に高齢者が負担することにより、サラリーマン中堅層の負担が軽減することがあげられる。高山憲之［2000］は、1998年予算ベースで基礎年金の保険料財源8兆6000億円強を消費税に切り替えると税率を3.3ポイント引き上げる必要があるが、厚生年金の保険料を4ポイント引き下げることが可能（被用者の保険料引き下げと賃金増になる）であるので、サラリーマンはネットで負担減になるとしている。

　日本経団連が2009年2月に発表した提言では、2025年度を目途に基礎年金による全額税方式へ移行する方針を明確に打ち出し、段階的に国庫負担を引き上げてゆく必要があるとしている[11]。基礎年金税方式化に伴う負担増は、消費税換算で2015年度2％、2025年度4.5％になる。ほかに高齢者医療・介護と少子化対策のための財源確保も消費税によるものとし、2015年度には3％、2025年度には8％分の財源が必要になる。そこで消費税率は、2015年度には現行の5％から5％引き上げて10％、2025年度に現行よりも12.5％高い17.5％に引き上げることが必要であるとしている。厚生年金の保険料率は約15％で、基礎年金部分が5％、報酬比例部分が10％とみて、直ちに基礎年金を税方式化すると、被用者負担は2.5％に減り、事業主負担は7.5％で変わりがないとしている。

　これらの試算の誤りは、第1に現行の基礎年金の給付額を前提として、高齢化の進展を加味して、必要な消費税率を算定していることである。現行制度では、満額の国民年金（月額6.6万円）を受給するのに必要な40年加入していた者は65歳以上人口の一部である。税方式に移行すれば、日本への居住年数だけが要件となるから、65

---

[11] 日本経団連の2009年2月の報告書に関しては、小此木潔［2009］138～139頁、172～174頁による。

歳以上人口のほとんどが満額受給となり、支給総額が大幅に増大する。その財源を租税のみにより、しかも消費税のみで調達しようとすると基礎年金充当分の消費税率は2015年度に約12％に達する。

第2に厚生年金保険料のうち基礎年金部分について、被用者負担分がゼロになり、事業主負担分が賃金引き上げ（実質的に報酬比例部分の引下げ）となるため、被用者負担分の引下げになると想定していることである。現行の給付総額を前提としても、税方式への移行により、企業の負担は3～4兆円軽減される。

駒村康平教授は次の単純な方式で負担構造の変化を算出している[12]。2008年度に直ちに全額税方式に移行し、これまで未納だった人も含めて65歳以上の高齢者全員に月額6.6万円の基礎年金を支給すると考えると、給付総額は23.3兆円（老齢基礎年金2750万人分で21.7兆円、遺族基礎年金・障害基礎年金1.6兆円）になり、すでに基礎年金で7.5兆円の財源が確保されているので、15.8兆円の追加財源が必要になる。消費税1％で2.5兆円の税収とすると、6.3％（消費税率引き上げに伴う消費者物価の上昇を年金スライドに反映させると約7％）の消費税が必要になる。厚生年金保険料は約5％引き下げられるが、サラリーマン家計の負担軽減はその1/2の2.5％分だけである。事業主負担軽減分2.5％が賃金上昇にむけられた場合のみ、高所得サラリーマンは負担軽減になる。年収500万円未満の中低所得サラリーマンはいずれの場合においても負担増になる。

連合加盟の民間大企業の労働組合幹部は消費税目的税への親和性が強いと言われている。労働組合の交渉力が著しく弱い日本では、厚生年金保険料の事業主負担軽減分が賃金引き上げに充当される可能性はほぼゼロであるから、税方式への移行により企業は負担軽減、個人は高所得サラリーマンを含めて負担増という負担のシフトが生じることを認識しなければならない。

急速な高齢化の進展に伴い基礎年金は名目GDPの成長を上回る

---

12) 駒村康平［2009Ⅰ］153～158頁。

テンポで拡大する。一方、消費税のGDP弾性値はおおむね1である。そこで基礎年金の給付水準を引き下げないとすれば、高齢化率がピークに達するまで目的税としての消費税率を絶えず引き上げなければならない。年金目的税とはいえ租税である消費税率の絶えざる引き上げに国民が抵抗すれば、基礎年金の給付水準は引き下げられる。

3 社会保障目的税化

　社会保障目的税化の第1の問題点は、今後の一般会計の歳出増加の多くが社会保障関係費に充当されることを考慮すると、租税負担増加分がほとんど逆進的な消費税率引き上げによって調達される点にある。法人と高所得者は負担増を免れ、中低所得者へ負担増が集中する。

　厚生労働省の「社会保障と給付の見通し」2006年5月改訂版（基礎年金の国庫負担割合を1/2とする）によると、2025年度の社会保障給付費は2004年の年金改革、2005年の介護保険改革、2006年の医療改革が実施されない場合の約163兆円から約21兆円削減されて約141兆円になる。2025年度の社会保障給付費141兆円は国民所得比で26.1％となり、2001年のスウェーデンの41.5％、フランス・ドイツの39％はもとより、イギリスの28.9％をも下回る。超高齢社会になる2025年度の日本の社会保障給付水準は高齢化率が20％を下回る2001年のヨーロッパ先進国の水準を下回るという劣悪さが注目される[13]。2025年の社会保障給付費の財源内訳の政府見通しは明らかにされていないが、駒村教授は保険料財源が65％、公費財源が35％程度で推移してゆくとみている[14]。35％をあてはめると、2025年度の公費負担は約50兆円になる。消費税率1％で約2.5兆円の収入として、公費を全て消費税で賄うと必要な税率は約20％に達する。逆進

---

13) 拙稿［2007］47～48頁を参照のこと。
14) 駒村康平［2007］78頁。

性を緩和するために生活必需品に対して軽減税率を導入すると、社会保障目的税化に必要な標準税率は現在最も高いスウェーデン水準（25％）を超えよう。

　第2の問題点は、安定性、普遍性（人口1人当たり税収の自治体間格差が小さい）の面からみて、今後の国から地方への税源移譲と有力な対象となる消費税について移譲の余地がなくなり、地方交付税の原資に消費税を充当（現行の地方交付税率29.5％）する余地がなくなることである。社会保障給付費の公費負担のうち国費の割合は2008年度に71.6％であり、基礎年金への国庫負担割合が1/2に引き上げられた2009年度には3/4に近づいたとみられる。国費を3/4とすると、2025年度の国費は約37.5兆円、消費税換算で15％、軽減税率導入後の標準税率を20％とすると、地方消費税率を1％から引き上げる余地はほとんどなくなる。また消費税率1％で約2.5兆円の収入は地方交付税配分前であり、国税消費税を社会保障給付費の国費に充当すると、地方交付税に充当する余地もなくなる。消費税の社会保障目的税化は、立ち遅れている財政レベルの分権化推進に逆行する。

　第3に社会保障目的税化では、負担と受益のリンクが基礎年金目的税化のケースほどには実感できないから、税率引き上げに対する政治的制約は強く働く。財源制約による福祉水準の引き下げまたは給付対象者の所得調査（ミーンズ・テスト）による絞り込みが行われる可能性が高くなる。

Ⅳ 非正規労働者の被用者社会保険への編入と事業主負担の適正化

1 社会保険事業主負担の賦課ベースを支払給与総額へ

　財界は、社会保険事業主負担を軽減するために、基礎年金の税方式（消費税の一部を年金目的税化）を主張している。社会保険料を含めて税負担を企業から個人へのシフトさせるのが財界の戦略である。前述した通り、日本の社会保険料事業主負担はヨーロッパ大陸先進国と比較して著しく低く、これが法人所得課税と合わせた公的負担を軽くしている。

　企業の公的負担のうち法人所得課税について、地方税における外形標準課税の強化といった見直しを行うとしても、さらに実効税率を引き下げる必要はない。2011年度税制改正では、課税ベース拡大による増税額を上回る法人税率引き下げによる減税を行い、純減税を盛り込んだが、部門別資金収支で黒字を計上し続けている企業が投資・雇用を拡大する可能性は低く、大企業の膨大な内部留保を積み増しするだけである。

　むしろ生活保障機能の再生の一環として、年金・医療では社会保険を強化すべきであり、企業に「社会的責任」として非正規雇用者を被用者保険に包摂する方向での負担強化を求めるべきである。軽課されている企業の公的負担を適正化することが、ポスト工業社会の成長戦略に適合的なのであり、中長期的には企業にとっても利益となる。社会保険料の収入基盤を強化するためには、非正規労働者

の労働条件を正規労働者に近づけるように格差を縮小しつつ、その一環として被用者保険の加入を非正規雇用者にまで拡大することが必須となる。

　そのためには被用者保険への加入要件を大幅に引き下げることが必要である。諸外国における非正規労働者の被用者年金加入要件（2006年）をみると、収入要件と労働時間要件を使っているのはドイツであり、月の報酬が400ユーロ（2006年の平均為替相場で61,400円）以上または週労働時間が15時間以上となっている[15]。任意加入制度がある。要件を満たせずとも、短時間雇用を除き、事業主負担を義務付けられている。アメリカ、イギリス、フランスは所得要件のみが設定されており、アメリカとフランスでは報酬を有する者全員、イギリスは週84ポンド（年4368ポンド、約99万円）となっている。イギリスを除き、非正規労働者の大半を被用者保険へ強制加入させている。

　被用者年金保険への加入要件をアメリカ、フランス、ドイツ等に倣って大幅に緩和することにより、非正規労働者は年金保険や医療保険の無保険者となり、医者にかかれなくなったり、将来無年金者となるリスクが皆無とはいえないまでも、大幅に軽減される。また決まった職場で働いている主婦パートタイマーなどは被用者保険に加入し、国民年金第3号被保険者は大幅に減少する。医療保険では無保険者問題が被用者については解決し、被保険者の多くが低所得の非正規労働者となっている市町村国保の財政悪化を食い止める。

　社会保険料事業主負担については支払給与総額に保険料率を乗じて納付額を決定する方式（「ペイロール・タックス」化）を採用すべきである[16]。この方式はすでに雇用保険や労災保険といった労働保険で導入されている。支払給与総額を賦課基準とすることにより、社会保険制度は正規雇用か非正規雇用かの企業の選択に対して

---

15) 駒村康平（編著）[2009Ⅱ] 12～13頁。
16) 年金保険や医療保険の社会保険料事業主負担の賦課基準の支払給与総額へのシフトを主張している研究として、金子勝・神野直彦（編）[1999] 26頁、拙稿 [2007] 56頁、駒村康平 [2009Ⅱ] 11頁がある。

中立的になる。

2　非正規労働者の負担能力の引き上げ

　事業主負担の賦課ベースを非正規労働者の賃金を含めた支払給与総額にシフトしたとしても、被保険者としての負担能力がなければ、被用者社会保険への編入は進まない。低所得者対策として、欧米では勤労税額控除のような還付型税額控除の導入が進んでおり、オランダでは還付分は社会保険料被用者負担に充当するという方式を採用している。最近では、低所得者対策を社会保障給付で行ってきたスウェーデンにおいても初の税制上の対策として導入されている。

　還付型勤労税額控除は賃金補助としての性格をもち、企業の賃金コストの節約につながる。正規労働者と非正規労働者の労働条件の格差があまりにも大きい日本では、非正規労働者の労働条件を正規労働者の水準に引き上げること、最低賃金を大幅に引き上げることを最優先課題とすべきである。その上で、還付型勤労税額控除を導入し、社会保険料への優先的充当も検討すべきである。この方式では、給与からの社会保険料の源泉徴収額が税還付分だけ引下げられる。強制加入要件以下の短時間労働者は被用者保険に任意加入した場合に限り、税還付を受けることになる。

3　条件整備としての納税者番号制度の導入

　還付型税額控除の導入の前提となるのが、「社会保障・税番号」法案（「マイナンバー」法案）として国会へ提出されている納税者番号制度の導入である[17]。合わせて事業者番号と消費税のインボイスを導入することにより、事業所の売上の補足度も向上し、個人事

17）還付つき税額控除と関連づけて納税者番号の導入の意義を論じている森信茂樹［2010.5］73〜80頁を参照のこと。

業者の所得も捕捉できる。最近ではドイツにおいて個人に対する納税番号を導入するとともに、事業所番号の付与を開始している。還付型勤労税額控除を実施する際、労働者の移動が激しい現在、1年間の給与所得は「名寄せ」を行わないと把握できない。報酬支払には少額であっても源泉徴収を義務づけ、納税者番号付きで税務署に源泉徴収税額を納付させる。

V 社会保険システムへの租税投入のターゲット化と「包括所得税」の確立を先行させる税制改革

1　所得比例型年金への一元化と税方式の最低保障年金

　社会保険システムへの公費投入が多大になると、租税方式の社会手当、保育サービス、障害者ケア等への財源が制約される。日本の年金制度の問題点は、基礎年金への公費1/2投入により、租税財源が中高所得層にも配分されることである。スウェーデン型の所得比例型年金への一元化を行い、社会保険料のみを財源とすべきである[18]。基礎年金1/2充当分の公費が削減されるから、保険料率は引き上げられる。一挙に引き上げることは困難であるから、年金積立金を使った経過措置を採用するとともに、国際的にみても1/2と低い事業主の負担割合を高める。

　その上で公費は最低保障年金と自営業者・零細法人企業の事業主負担分に限定して投入する。後者について論じられることが少ないが、スウェーデンでは自営業者は事業主負担分と被用者負担分を負担している。自らのリスクで販売と借入を行う自立型が少なく、固定した取引先としての大企業への納入業者となっている「下請型」

---

18) スウェーデン型の所得比例型年金と最低保障年金の日本への導入を提案した研究としては、金子勝・神野直彦（編）［1999］25～28頁、駒村康平［2009Ⅰ］162～170頁を参照のこと。金子勝・神野直彦（編）［1999］ではスウェーデン方式の自営業層の二重の負担が日本においても適用可能かどうか論じられていない。駒村康平［2009Ⅰ］では、所得捕捉が容易でない自営業層への対応として、①過少申告を1度でも行えば最低保障年金の受給資格をなくすか、②所得比例年金・最低保障年金の対象外とし、高齢期に生活困難になった場合には厳しい資産調査を伴う生活保護の対象とする二つも途しかないとしている（169～170頁）。

が支配的な日本では、薄利の自営業者や零細法人企業が二重の負担を行うことは不可能であり、公費による肩代わりがなければ、所得比例型年金への一元化は困難である。

ここでの最低保障年金は、前述した日本経団連や民主党の改革案のように高齢者全員に給付されるものではなく、現役時代の低所得者に所得比例年金と最低保障年金水準との差額が給付される。最低保障年金の受給を狙った現役時代の所得隠しを封じなければならないので、納税者番号制度、事業者番号と消費税のインボイス方式の導入が条件整備となる。

2 医療保険・介護保険への公費投入の引き上げ

低所得高齢者という負担能力が低い被保険者を抱える医療保険と介護保険では、低所得の高齢者をターゲットとした公費投入が強化されるべきである。1982年の老人保健法施行以降の高齢者医療・介護の制度間財政調整強化と自己負担引き上げ、被用者医療保険の保険料引き上げ・財政悪化と医療・介護の給付水準の悪化をもたらしてきた。

特に高齢者については、医療保険料（国民健康保険料、後期高齢者医療保険料）や介護保険料、自己負担は限度に達している。民主党は後期高齢者医療制度を強く批判し、政権の座についたが、医療制度の改革案は都道府県営の国民健康保険制度をつくるというだけで、財源構成を含めて後期高齢者医療制度と大きな差異はない。介護保険改革案では、軽度の要介護者を給付対象からはずし重度要介護者に集中することが有力な選択肢となっており、家族介護依存への回帰が特徴になっている。公費負担割合を国費を中心に1/2から例えば3/4に引き上げないと、診療報酬の引き上げ、給付の改善、保険料の据え置き、被用者保険による支援の削減といった改革はできない。高齢者医療と介護が租税投入の第2のターゲットである。

3　認可保育所整備を中心とする保育所整備と住宅対策の充実

　租税方式で行われている分野では、少子化対策が最優先課題である。現金給付としての家族手当（児童手当、子ども手当）については相当程度充実したので、大都市圏を中心に膨大な待機児が発生している認可保育所整備への国費投入の大幅な拡充が図られるべきである。少子化問題を解決しないで置くと、どのような社会保障改革を行っても、支給水準の大幅な引き下げが現役労働者の大幅な負担増の二者択一に追い込まれる。

　日本の貧困問題、ワーキング・プアは住宅確保難と密接に結びついている。景気対策としての持家建設拡大のために、所得税における住宅ローン税額控除と相続税・贈与税における親から子（2011年度改正では孫まで）への住宅資金の移転促進措置が講じられてきた。むしろ広義の社会保障としての住宅対策を租税投入のターゲットとすべきである。東京都では石原都政で都営住宅の建設がストップされ、応募倍率は数十倍になっている。「生活重視」の政策としては、社会的住宅の建設と住宅手当（家賃補助）の導入が緊急の課題となっている。

むすび

　以上のように社会保障と財源（租税・社会保険料）では、被用者については事業主負担の拡大により非正規労働者を被用者保険に編入するとともに、所得比例年金への移行により中高所得者の年金給付への国費投入を停止することが第1の課題となる。第2に国費を中心に公費の投入を最低保障年金、自営業者の年金負担の事業主負担分、高齢者医療・介護、子育て支援、住宅対策をターゲットとして拡充することが第2の課題となる。

　社会保障への租税投入は拡大するが、逆進的な消費税に社会保障目的税として限定するのは好ましくない。抜本的税制改正ではまず

所得税で包括所得税化と累進税率の引き上げを行うべきである[19]。年収5000万円以上の階層では、個人所得の大半が証券キャピタル・ゲインと配当になっており、それに対する税率（本則）はわずか20％にすぎない。こうした極度に低率の分離課税を停止して総合課税化するとともに、最高税率は55％程度まで引き上げるべきである。こうした措置に対する労働意欲の阻害、資金の海外流出という批判は、何ら根拠がない。労働意欲や資金移動に大きな影響を及ぼしているのは税制ではない。内需不足が経済停滞の最大の要因である現在、消費性向が高い中低所得者の負担が重い消費税増税を最優先するのは誤りであり、消費性向が低い高所得者の税負担引き上げを最優先すべきである。

---

19) 所得税の包括所得税化と最高税率引き上げを中心とする直接税制の再構築を抜本的税制改革の最優先課題とすべきことを論じた拙稿［2007］52～53頁、拙稿［2008.4］148～150頁を参照のこと。

[参考文献]

岩本康志・濱秋純哉［2009］「社会保険料の帰着分析」、国立社会保障・人口問題研究所（編）『社会保障財源の効果分析』東京大学出版会、37〜61頁。小此木潔［2009］『消費税をどうするか』岩波新書。

金子勝・神野直彦（編）［1999］『「福祉政府」への提言—社会保障の新体系を構想する—』岩波書店。

城戸喜子・駒村康平（編著）『社会保障の新たな制度設計—セーフティ・ネットからスプリング・ボードへ—』慶應大学出版会、113〜139頁。

木村陽子［1999］「年金制度」丸尾直美・塩野谷祐一（編）『先進所得の社会保障　第5巻スウェーデン』東京大学出版会、149〜165頁。

駒村康平［2005］「社会保険の事業主負担の帰着に関する実証分析」城戸喜子・駒村康平（編著）『社会保障の新たな制度設計—セーフティ・ネットからスプリング・ボードへ—』慶應大学出版会、141〜168頁。

駒村康平［2007］「高齢化・人口減少社会における社会保障制度の将来」生活経済研究所編『税制改革に向けて—公平で税収調達力が高い税制をめざして—』同研究所、2007年、68〜81頁。

駒村康平［2009Ⅰ］『大貧困社会』角川新書。

駒村康平（編著）［2009Ⅱ］『年金を選択する—参加インセンティブから考える—』慶應大学出版会。

酒井正［2009］「社会保険料の事業主負担と賃金・雇用の調整」、国立社会保障・人口問題研究所（編）『社会保障財源の効果分析』東京大学出版会、37〜61頁。

高山憲之［2000］『年金の教室』PHP新書。

高山憲之［2004］『信頼と安心の年金改革』東洋経済新報社。

林宏昭［2009］「社会保障改革と税制—社会保障国民会議の議論をどう考えるか—」『国際税制研究』第22号、71〜78頁。

町田俊彦［2007］「総論　税制改革の課題と方向性」生活経済研究所編『税制改革に向けて―公平で税収調達力が高い税制をめざして―』同研究所、12～65頁。

町田俊彦［2008.4］「〈小さな政府〉は行き詰まった―〈生活重視〉・〈環境重視〉型成長戦略と〈中型政府〉への転換を―」『世界』第777号、141～150頁。

宮島洋［2008.3］「社会保障と租税」『年金と経済』第27巻第1号、17～25頁。

宮本章史［2009］「グローバル化時代における個人所得課税の思想」諸富徹（編著）［2009］『グローバル時代の税制改革』ミネルヴァ書房、83～108頁。

森信茂樹（編著）［2008］『給付つき税額控除』中央経済社。

諸富徹［2009］「グローバル化は世界の税制をどう変えたのか」諸富徹（編著）［2009］『グローバル時代の税制改革』ミネルヴァ書房、3～24頁。

Ken Messere, u. a.［2003］*Tax Policy: Theory and Practice in OECD Countries*, Oxford University Press.

第2章
租税負担と税源配分
――減税と直間比率是正の30年――

　　　　　　　　　　　　　　　　　　星野　泉

I
税収確保を怠ってきた減税の30年

1 直間比率是正の80年代

　税制改革を構想するにあたり、1980年代以降の動向を日本国内の動きとともに、国際比較の中から見ると、あまりに減税の方向が顕著であったこと、租税負担が小さいことに気づかされる。一般には、1990年代のバブル崩壊や2000年代に入ってからの構造改革路線が、今日の財政危機や雇用問題の要因ととらえられることが多い。しかし、それ以前、1975年、戦後初のマイナス成長を経験した後の対応、民営化路線と浅く広くの税制改革の中に、再分配軽視と低負担社会の流れとして、今日的問題の出発点を見出すことができるだろう。

　（旧）政府税制調査会では、一般的税負担の引上げを求める方策として、何回か付加価値税等の導入を提言してきたが、1970年代の不況による財政危機に直面し、政府は、累積してきた赤字への対応として、国、地方をつうじての財政再建を目標として、1979（昭和54）年、一般消費税の「試案」および「大綱」をまとめた。1975（昭和50）年補正予算における赤字国債導入時の蔵相が大平総理であったことも、財政再建への強い思い入れにつながったともいわれている。

　この年の「財政収支試算」では、予算規模の年平均伸び率を11.0％として、84年度に赤字国債の発行をゼロとする構想をたてていたが、これは一般消費税導入を前提としたものであった。しかし、同年9月の総選挙で与党は大敗を喫し、一般消費税を断念せざるを得なくなった。そして、81年3月、臨時行政調査会の発足によ

って、増税による財政再建は、行政改革を中心にすえた増税なき財政再建へと方針を変えていく。

しかし、75年以来の赤字国債の加速度的累積と、補助金カットや行政改革による財政再建の困難性。国際的には、レーガン、サッチャー路線にみられる応能性より応益性を重視する方向、あるいは直接税から間接税への視点の移動、こうした世界的動きを受け、間接税改革の流れは固まっていくことになる。ただ、一般消費税が増税案であったことが導入失敗の大きな要因と見て、総体としての税制改革の中に減税を織り込んでいく。84年には、所得税の税率を10年ぶりに変更、最高税率を75％から70％に引き下げ、税率段階を16段階から15段階へと簡素化した。

86年政府税調では、4月の中間報告段階で、所得税、住民税の最高税率引き下げ、法人税率の引き下げ、964（クロヨン）対策としてサラリーマンに対する必要経費実額控除制、専業主婦に特別控除制導入等が議論され、夏の参議院選をはさんだ10月の最終答申では、これらをより具体化させるとともに、非課税貯蓄制度（いわゆるマル優など）の分離課税化や課税ベースの広い「新しいタイプの間接税」導入を提案した。

これを受けて翌87年2月に売上税の創設が法案化されたが、免税点が1億円と高額であったことや51品目に上る非課税品目の多さもあって不公平感が高まり、メーカー、小売、消費者それぞれ自らの負担が最も大きい、場合によっては税率以上の負担となるとの不安、また中曽根首相が大型間接税導入に否定的発言をしていたこともあって、廃案への道をたどる。

2度の新間接税導入に失敗した政府は、竹下内閣において、直間比率の是正を含めた所得、消費、資産等の課税バランス論、高齢化社会への対応、個別間接税の問題点への対応として税制改革に取り組み、再度の挑戦を行う。新しい「消費税」を、免税点を低くした（売上高3,000万円）上に限界控除制度の設定、売上高6,000万円までの事業者に負担緩和措置）、納税事務の簡素化と負担減を伴う簡易

課税の適用限度を高く設定（5億円）、インボイス方式や伝票方式をとらず帳簿方式としたことで納税義務者を狭く限定したこと、さらに税率を3％と低く設定して収支を、所得税などの減税幅の方が大きい減税超過としたことなど、導入の実現性を最優先した結果、88年12月、税制改革関連法案が成立する。

2　間接税改革の考え方

　そして、89年、消費税導入と物品税の廃止が実施された。それに伴い、地方税の多くの税目がこれに収斂、整理、統合の方向に進んだ。料理飲食等消費税は、戦前、日中戦争の経費、奢侈的経費の抑制などを目的として芸者の花代への課税などを行ってきたものであったが、戦後、遊興飲食税を経て、1961（昭和36）年、料理飲食等消費税と名称変更、一定額以上の飲食、宿泊に10％税率で課税し、6,000億円程度の税収（消費税導入前）をあげる道府県税であった。消費税導入後しばらくは、税率3％の特別地方消費税（税収1,300億円程度）として残されたが、1999（平成11）年度末をもって廃止されている。免税点を超える宿泊、飲食の税負担についてみると、10％（料飲税）から、6％（特消税と消費税）、その後消費税へと減税されてきたことになる。この他、市町村税の、木材引取税、電気税、ガス税が消費税に統合され、娯楽施設利用税がゴルフ場利用税として限定、縮小された。

　間接税改革は、日本経済におけるサービス業の増加に伴い、製造業者以外に課税ベースを拡大する必要性、税制の中立性確保、奢侈品と一般的物品の区分の不明確さなどがその理由であった。また、昭和末期には、日本と欧米の経済状況が今日とは逆の立場にあり、乗用車、ワイン、ウイスキー等、とくにアメリカ、さらにEC（当時）との貿易摩擦も課税ベースの広い間接税導入や酒税改正の直接の要因の一つとなった。

　売上税実施への議論が高まった1986（昭和61）年度、物品税は、

自動車等47.1％、家電製品27.9％、合わせて75.0％の税収がこの2種類で占められており、自動車については、普通乗用車23％、小型乗用自動車でも18.5％の税率で課税されていた[1]。納税義務者は、販売業者か製造業者であったが、そのほとんどは製造業者である。当時、今日ほど環境への関心があれば、多少違った動きもあったのかもしれないが、奢侈品課税である物品税のもつ排気量に応じた税率が海外の大型車を締め出すことになっているとの批判があり、消費税化による減税で、内外を問わず自動車大型化の流れができてしまった。そのため、当時も低公害、低燃費車の開発は進んでいたが、燃料消費量の減少メリットを相殺してしまうことになった。グリーン化、あるいは環境税的側面からみると、かつての物品税は、それなりの効果をもっていたともいえるのである。

　また、導入の目的は一般消費税では財政再建、売上税では減税の財源、そして消費税では高齢化社会や国際化などそれぞれ異なったものとなっていた。それに合わせて、税制改革実施による収支も増税超過（一般消費税）、増減税中立（売上税）、減税超過（消費税）と変化し、今日の巨大な債務国家のベースとなった。

　昭和末期10年間程の税制改正は、課税ベースの拡大、浅く広く、公正・簡素・中立の税制論に立って、所得税・個人住民税の最高税率引き下げ、税率段階の簡素化、法人税の税率引き下げ、配当軽課制度の廃止が実施された。また、1980年にいったん法制化された利子・配当所得の源泉分離課税廃止、総合課税への移行と少額貯蓄カード（グリーンカード）制度の導入は、政治的圧力によって延期、85年改正で廃止。総合課税化への流れはせき止められ、88年に、利子課税の源泉分離課税化、少額貯蓄非課税制度の原則廃止、株式のキャピタル・ゲインについては89年より源泉分離・申告分離選択制の道をたどった。税負担の全体的変化としては、高額所得者、高額商品・サービスの消費者に減税し、一般的に負担を幅広く広げる形

1）『間接税の現状』大蔵財務協会、1987年。

となった。

3 細川政権の国民福祉税構想

　1994年は、連立8党の細川政権から、羽田政権、自社さの村山政権へと政治的な大転換の年であったと同時に、税制改革の流れの中でも、大きな政策転換の兆しがみられた。

　新年の記者会見の中で、細川首相は、「21世紀ビジョン」を発表し、高齢化の進展に伴う社会保障経費増加に向けて、税負担の増加、すなわちネットでの増税を示唆した。大平政権の一般消費税導入失敗以来、税制中立、増減税同額かネット減税が税制改正スタンスの一般的傾向となっていたが、これを変化させようとしたのである。2月3日未明、早速具体化させたものが細川首相から発表された、消費税の廃止と国民福祉税（仮称）の創設を含む税制改革草案であった。景気対策として総額6兆円の所得税、住民税等減税を実施し、その財源として7％の国民福祉税を充て、消費税は廃止というもの。
「国民福祉税については、高齢化社会においても活力のある豊かな生活を享受できる社会を構築するための経費に充てることを目的とする」旨法定し、税率7％、97年4月1日から実施する。減税についてはこの94年1月分から前倒しで実施し、景気浮揚効果を期待したものであった。

　しかし、未明に突然行われた首相からの発表であり、連立与党内部ばかりか官房長官にも知らされていなかったことから社会党などからの批判が噴出、また、税率7％が「腰だめ」の数値とされたため、福祉財源としての理解が得られないまま4日には見送られることが決まった。そして、「減税と税制改革に関する連立与党代表者会議合意」（2月8日）により、総額6兆円の減税を先行実施するとともに、与党内に協議機関を設置、年内に税制改革法の成立を目指すこととなった。

94年の所得税、住民税の特別減税は、1年限りのものとして、94年（平成6年）分の所得税、住民税について、税額の20%相当額（所得税で上限200万円、住民税で上限20万円）を控除するといういわゆる定率減税の手法により、所得税減税3兆8,000億円、住民税と合わせ5兆5,000億円を減税するということになり、この後、ほとんど毎年のように、減税が継続する。　減税規模は94年から3年連続で5兆5,000億円ということになった。この減税の表向きの理由は、景気回復のためということになる。しかし、心理的要因として、細川首相の下での減税規模が国民福祉税導入を前提としたプランであったため大きく、前年の減税後を所与とした場合、特別減税をやめれば負担増となってしまう点があった。

4　財政構造改革案から「恒久的減税」へ

　橋本政権下では、98年度に、財政構造改革予算として、2003年に財政赤字3%、赤字国債の発行ゼロをめざし、政策的経費である一般歳出を前年度比マイナスとし、各経費項目にキャップを設けることにより、その性格をより鮮明にした。税制改正では、経済構造改革に対応した法人税制改革、金融システム改革（金融ビッグバン）に対応した証券税制改革、資産デフレに対応した土地・住宅税制改革が盛り込まれた。しかし、都市銀行、大手証券の破綻が次々に明らかとなる中で、景気対策として国税7,500億円、地方税1,000億円という規模について批判が強く、97年当初予算でバブル崩壊以降初めて取りやめられた特別減税が、補正予算ではや復活し、98年2月から景気対策として2兆円の特別減税が実施された。

　98財政年度に入り、夏の参議院選挙を前にすると、財政構造改革法は成立後わずか5ヶ月で修正作業が始まった。赤字国債の縮減規定が、新たな景気対策の足かせとなったためである。これにより、7兆7,000億円の公共投資と4兆円の特別減税を柱とする総事業費16兆6,500億円の総合経済対策を決定、6兆円に上る補正予算が組

まれ、国債が増発された。所得税、住民税については、98年、99年に2兆円ずつの特別減税を実施。98年分については、97年補正の2兆円と合わせると4兆円規模となる。夫婦子2人の場合、当初分6万5,000円に7万2,500円が追加されることになり、合わせて13万7,500円となった。この追加減税により、98年における所得税の課税最低限はほぼ500万円近くに達した。

　99年度税制改正は、低迷する景気に対し、需要喚起策として、最高税率の引下げと定率減税を柱とする所得税・住民税減税、法人税・法人事業税の税率引下げ、パソコン等情報機器の全額損金算入など投資促進税制の拡充、有価証券取引税廃止等金融関連税制の緩和の他、土地・住宅税制にも大きな改革がみられた。この時の「恒久的減税」は、所得減税4兆円と法人減税2兆3,000億円を含み6兆8,600億円で、政策減税が住宅ローン減税など2兆6,000億円、合わせて9兆4,000億円となった。

　所得税、住民税の改正点は、所得税の最高税率引き下げ（50%→37%）と住民税最高税率引き下げ（15%→13%）による制度減税（合わせて65%→50%）、所得税20%（上限25万円）、住民税15%（上限4万円）の定率減税、子育て・教育減税として扶養親族控除（15歳以下）38万→48万、特定扶養控除（16歳〜22歳）58万→63万（所得税）と43万→45万（住民税）である。制度減税について、所得課税の全体的累進構造を見直す抜本的改革はなされず、上2つの税率だけ下げる、すなわち、最高税率50%と40%の税率段階を無くして最高税率を37%に、という大胆ともいえる改革であった。

　法人税制は、法人税率（基本税率）を34.5%から30.0%に、法人事業税率（基本税率）を11%から9.6%に引き下げ、外形標準課税は見送りとなった。これにより、国、地方の法人課税の表面税率は97年の49.98%、98年の46.36%から40.87%へ下がり、2年間で10ポイント近い減少。カリフォルニア州の40.75%と同水準で、税率の上では世界水準となった。しかし、他国の法人税率引き下げが課税ベースの拡大とともに進められてきたのに対し、日本では、幅広い

図表2-1　所得課税の税率の変遷

	所得税		住民税	
	税率	税率段階	税率	税率段階
1974年	10〜75%	19段階	4〜18%	13段階
1984年	10.5〜70%	15段階	4.5%〜18%	14段階
1987年	10.5〜60%	12段階	4.5%〜18%	14段階
1988年	10〜60%	6段階	5〜16%	7段階
1989年	10〜50%	5段階	5〜15%	3段階
1995年	10〜50%	5段階	5〜15%	3段階
1999年	10〜37%	4段階	5〜13%	3段階
2007年	5〜40%	6段階	10%	1段階

（出所）財務省、総務省資料。

　租税特別措置の整理の他、減価償却における定率法・定額法選択制の限度設定、経費概念の厳格化、移転価格税制の整備などに関する改革が充分でないまま[2]、減税ばかりが先行してきたきらいがある。法人事業税の外形標準課税導入も、法人事業税の引き下げとセットで進められる予定であったが、景気動向から見送り。税率引き下げの先行実施ということとなった。法人課税についても抜本改革とは程遠いものであった。

　1980年代からのレーガン、サッチャー、中曽根政権における新保守主義路線以降、1985年のプラザ合意、1989-90年の日米構造協議に伴う公共投資拡大、その一環としての消費税導入は、バブルを生じさせる一因となった。そして、バブル崩壊後は、毎年のような経済対策で歳出拡大とともに数々の減税を生み出す要因ともなってきた。こうした姿は今日まで変わらず、税収確保を怠ってきたという点で、失われたのは20年ではなく30年であることを知らされるのである。

2）和田八束『税制改革の理論と現実』世界書院、1997年、159頁。

II 国際比較で見た日本の公共部門

1 公共部門の規模

　『労働力調査年報〔2009（平成21）年平均〕』2010年1月（総務省統計局）によれば、労働力人口比率（15歳以上人口に占める労働力人口の割合）は、2009年平均で59.9％となった。前年に比べ0.3ポイントの低下で、1953（昭和28）年以降初めて6割を切り、過去最低の水準となった。同様に、就業率（15歳以上人口に占める就業者の割合）も56.9％と過去最低である。

　就業者6,282万人に占める雇用者の割合は86.9％となり、前年に比べ0.4ポイント上昇し、31年連続の上昇となった。自営業主・家族従業者は796万人となり、前年に比べ35万人減少し、12年連続の減少となっている。自営業主・家族従業者減のおもな原因は、第一次産業従事者の減少部分が大きいが、それ以外の自営業も減少傾向にある。

　農林水産業従事者、中小企業、自営業者、駅や公共交通等々。労働集約的産業は衰退するか人を減らす。大規模店舗ができても減った分の雇用を吸収できていない。家族や親族、さらに勤務先の企業や団体というセーフティネットが崩れつつある現在、公共部門というセーフティネットのあり方が問われているところである。

　少子高齢化の進展により、日本の財政は長期的には拡大してきているといわれる。GDP比での財政規模は1990（平成2）年に32.1％であったから上昇傾向といえるが、最近10年間についてみると大きな変化はなく、2009（平成21）年に42.3％である。年金や失業給付

図表2-2　政策分野別社会支出の対国内総生産比の国際比較（2007年）

	高齢	遺族	障害、業務災害、傷病	保健	家族	積極的労働政策	失業	住宅	生活保護その他	合計
日本	9.12%	1.29%	0.96%	6.27%	0.79%	0.16%	0.31%	—	0.26%	19.15%
アメリカ	5.30%	0.70%	1.47%	7.38%	0.66%	0.11%	0.33%	—	0.55%	16.50%
イギリス	6.34%	0.14%	2.47%	6.83%	3.24%	0.32%	0.39%	1.43%	0.17%	21.32%
ドイツ	8.65%	2.06%	2.92%	7.85%	1.88%	0.72%	1.38%	0.61%	0.17%	26.24%
フランス	11.16%	1.85%	1.90%	7.49%	3.00%	0.90%	1.36%	0.76%	0.35%	28.75%
スウェーデン	8.98%	0.54%	5.41%	6.58%	3.35%	1.10%	0.67%	0.47%	0.59%	27.69%

(注) OECD Social Expenditure Database では、支出だけを集計しており、財源についての集計は行っていない。
(出所) 国立社会保障・人口問題研究所HP

等の社会給付、および医療等を含む政府最終消費支出などが若干増加した一方、一般政府総固定資本形成が減少。かつて拡大基調にあった利払費についても近年の低金利もあってむしろ減少気味である。結果、一般政府総支出のウェートはほぼ横ばいとなっているのである[3]。

　一般政府総支出の水準は、英米独仏瑞各国との比較でみても低い部類に位置する。これは現物社会移転以外の社会給付や政府最終消費支出が低いことによる。政府最終消費支出が少ない原因は人件費の少なさによるものであり、政府最終消費支出から人件費を除いた残りはアメリカ以外10％を少し越える程度である。人件費はドイツを除く国々で10％を越えているのに対し、日本は6.4％である。

　一方、同じ6か国について、OECD基準の社会支出対GDP比（2007年）を政策分野別にみると、図表2-2のように、高齢（年金等）、保健（医療等）の分野ではドイツ、フランス、スウェーデンに近づいている一方、家族、積極的労働政策、失業などではかなり低い水準である。年金や医療以外の現物給付、現金給付制度整備が遅れている。2010年度からの子ども手当で若干の上昇はみられるだろうが、まだまだである。日本やアメリカの場合、高齢、保健の2分野で社会支出の8割近くを占めているが、他の国ではそれほど多

---

3) 財務省HP。

くを占めていない。スウェーデンの場合、合わせても5割を若干超える程度にしかならない。つまり、日本は、社会支出というと、年金、医療と考えるのに対し、ヨーロッパの国々では、より多様な分野で社会サービス展開されているのである。

　2011年OECDの資料によれば、日本の教育費についても、GDP比でみて主要国最低レベルの公費負担、高等教育については最高レベルの私費負担が続いている[4]。

2　失われた30年の税制

　図表2-3、図表2-4のように、2009年、日本のGDP比でみた国民負担率は極めて低い[5]。OECD34か国中、社会保障を含めれば下から7番目、26.9%。社会保障を含めない税負担率のみなら2番目の低負担で15.9%。ほとんど最低レベル。デンマークやスウェーデンが高負担のトップ争いをしているのはともかく、OECD諸国平均が社会保障を含み33.8%、税負担のみで24.6%であることからもその低負担ぶりがわかる。租税負担率のみなら、同じ低負担国として知られるアメリカの17.6%、ギリシャの19.8%を下回る。日本より低いのはメキシコの14.5%のみである。

　OECD諸国平均は、日本の所得税、住民税のような個人所得課税が平均8.7%、社会保障負担が9.2%、消費税のような一般消費課税が6.7%等となっている。日本の負担状況をみると、一般消費課税（消費税）は2.6%で、OECD平均から4ポイント低く確かに低水準である。しかしながら、所得税や住民税のような個人所得課税も低く5.4%であり、平均8.7%からの乖離幅は一般消費課税と同様に大きい。

　1980年以降の変化をみてみよう。国民負担率、租税負担率ともにバブルをピークに減少傾向にある。2009年の日本の負担率は、今や

---

4) *Education at a Glance* 2011, OECD.
5) *Revenue Statistics* 1965–2010, OECD, 2011.

国民負担率なら1984（昭和59）年水準、社会保障負担を除けば1978（昭和53）年水準なのである。少子高齢化を反映して、社会保障負担、とくに被用者負担については1980年以降上昇傾向にあるから、租税負担の減少がとくに著しい。

個人、法人所得課税とも減少傾向は顕著で、合わせれば90年の14.6％から2009年、8.0％へ落ちている。財・サービス課税も、89年に税率３％で消費税が導入されても、物品税等奢侈品課税的な部分を含む間接税廃止に相殺されて負担率は80年と同様で変化はない。負担率が上昇するのは、1997年に消費税が５％になってからであり、上昇幅もわずか１％程度である。法人所得課税は、確かにOECD平均より高そうに見え、近年の法人税率引き下げ論の根拠ともなっていた。ただ、近年は調整されてきており、2009年には、OECD平均を下回ることとなった。また事業主の社会保障負担分を加えれば法人の負担はOECD平均をかなり下回るレベルで、決して高いとはいえない。

このように、直間比率の是正といっても、実際は利益や所得に応じて負担する税を放棄してきたのみであり、直接税も間接税も垂直的公平、すなわち再分配機能を落としてきたことが明確となる。これは、単に景気が悪いから税が上がってこないというようなものではなく、税制改正の結果として生じた面が大きい。

確かに、1990年以降はデフレ傾向ではあったが、分母はGDPであり、単に、税負担額を比較しているわけではない。一般消費課税の大きい国は概して一般所得課税の課税にも熱心である。非正規労働の増加など賦課徴収が難しくなってきてはいるものの、インフレーションに合わせて拡大させてきた所得控除、課税最低限、簡素化された税率段階について触れないまま消費税増税、ではあまりにもバランスが悪いのではないか。所得税の累進税率や利益ベースの法人税は、インフレ時に増税効果、デフレ時には減税効果が大きく、ビルトインスタビライザー（経済の自動安定化装置）として機能してきたが、この効果が減少してきたことも近年の税収不足に影響して

図表2-3　GDP比国民負担率と租税負担率の動向
（OECD諸国平均と日本）

国 GDP比 負担率（％）　　年	OECD諸国平均				日本			
	1980	1990	2000	2009	1980	1990	2000	2009
国民負担率	30.9	33.7	36.0	33.8	25.4	29.1	27.0	26.9
租税負担率	23.8	25.9	26.9	24.6	18.0	21.4	17.5	15.9
個人所得課税	10.1	10.4	9.6	8.7	6.2	8.1	5.7	5.4
法人所得課税	2.3	2.6	3.6	2.8	5.5	6.5	3.7	2.6
財・サービス課税	9.8	10.5	11.1	10.7	4.1	4.0	5.2	5.1
うち一般的消費課税	4.6	5.9	6.6	6.7	—	1.3	2.4	2.6
社会保障負担	7.1	7.8	9.1	9.2	7.4	7.7	9.5	11.0
被用者負担	2.3	2.7	3.1	3.2	2.6	3.1	4.0	5.0
事業主負担	4.6	4.7	5.5	5.4	3.8	3.7	4.4	5.0

（出所）*Revenue Statistics 1965-2010*, OECD, 2011他各年度板。
（注）OECDの統計は分母が日本の財務省統計のように国民所得でなくGDPであるが、この表では、社会保障負担を含めたものを国民負担率、除いたものを租税負担率とした。

いる。再分配機能の再構築が求められる。

3　スウェーデンと日本の税財政システム

　スウェーデンの財政や税の考え方について整理しておくと、みんなで払ってみんなでサービス、給付を受けているということがある。普遍的社会政策として紹介されるサービスや給付面、財政支出面ばかりでなく、負担についても普遍的でありその意味で本格的な普遍的政策といえる。日本のように、結婚した、子どもができた、高校生になった、年寄りと家計を一緒にしたなどの家庭内の事柄が、所得控除の形で、すなわち限界税率の高い高額所得者の減税幅を大きくする形で所得税、住民税減税の材料となっているのとは異なり、家庭内の個別事情をほとんど斟酌することはない。所得控除は極めて少なく税負担は比較的低所得者から始まるということになる。たとえば、低所得者や母子家庭など社会的ケアが必要な人以外では、結婚したからといって、子どもができたからといって税負担

図表2-4　GDP比国民負担率と租税負担率
OECD、日本、スウェーデン、デンマーク　2009年

GDP比負担率（％） 国 年	OECD諸国平均	日本	スウェーデン	デンマーク
国民負担率	33.8	26.9	46.7	48.1
租税負担率	24.6	15.9	35.3	47.1
個人所得課税	8.7	5.4	13.5	26.4
法人所得課税	2.8	2.6	3.0	2.4
財・サービス課税	10.7	5.1	13.5	15.4
うち一般的消費課税	6.7	2.6	9.8	10.1
社会保障負担	9.2	11.0	11.4	1.0
被用者負担	3.2	5.0	2.8	1.0
事業主負担	5.4	5.0	8.6	0.0

出所、注とも　図表2-3に同。

が下がることはない。一方で、社会的給付として所得制限のない児童手当、住宅手当などが存在する。

　スウェーデンでは消費税（付加価値税）についても、25％の標準税率で課税される範囲は大きく、イギリスやアイルランドで食料品や子供服など幅広く適用されているゼロ税率の採用はほとんどなく、12％、6％の軽減税率適用範囲も他のEU諸国に比べればかなり限定的といえる。

　2009年末現在、他の北欧諸国はデンマーク25％、フィンランド23％、EU非加盟国であるがノルウェーが25％、アイスランドが25.5％である。北欧の消費税率は概して高いといえるが、スウェーデンの25％は、金融危機に陥ったアイスランドが、24.5％から1％引き上げるまでEUの中でも最も高い税率であった。スウェーデンの軽減税率は、ホテル宿泊、ソフトドリンクなどの飲料が12％。スポーツ施設の利用や入場料、バスや電車、飛行機、船などの交通料金、演劇入場料、書籍や新聞・雑誌が6％となっている。レストランの場合、そこで食べれば25％、そのまま持ち帰りの場合、12％となる。ゼロ税率の採用は限定的で、NPOの会員向け雑誌や病院処方の薬程度となっている。スウェーデン式は、所得税と同じく、付加

価値税についても基本的には標準税率で課税する方向で、例外は少なく社会政策は財政支出でということになっている。

「ヨーロッパでは実施されている」と日本で紹介されることの多い、還付により実質的に負担がなくなる「ゼロ税率」の国内取引への採用は、還付される業者と前段階で課税される業者との不公平が生じることがあり、EUとしては基本的に認めていない。ほとんどの国で、ゼロ税率採用範囲は、新聞や雑誌など極めて限定的な利用となっている。食料品など比較的採用範囲が広いのは、イギリス、アイルランドくらいである。

一方、日本の法人所得課税はOECD水準を上回る数少ない高負担の税種であったといえる。ただ、1980年代以降の法人所得課税は、OECD諸国では負担上昇傾向であるのに対し、日本は大きく減少傾向にあった。

また、年金や医療等社会保障負担（社会保険料）といえば、我々は、勤務先（事業主）と従業員（被用者）折半のケースが多く、そういうものだと思っていると、これが違う。日本は、被用者負担も事業主負担も同じ5.0%。しかし、OECD諸国平均では、被用者負担3.2%に対し、事業主負担5.4%と大きく開きがある。スウェーデンでは被用者負担が2.8%であるのに対し、事業主負担は8.6%で事業主負担が被用者負担の３倍を超える。フランスも同様である。スウェーデンの場合、夫の育児休暇、イクメン分60日を含む480日まで取得可能な育児休暇として知られる両親休暇（390日は賃金の８割支給）制度についても、全額事業主負担で実現してきたのである。

法人所得課税に企業の社会保障負担分を含めれば、日本では、事業主負担が7.6%であるのに対し、OECDは8.2%と差はより大きくなる。スウェーデンでは法人所得課税のみの負担は3.0%であるが、企業の社会保障負担分を含めれば、11.6%となる。

国民の生活にかかわる給付、サービスは財政支出からということになり、高齢者・児童福祉、教育、医療を中心にサービス提供が行われている。税の弾力性があり、財政も持続的安定的運営がなされ

ているから、リーマンショックの経済的影響はあったが復活も早い。日本はといえば、家庭内の事情は減税しているのだから、あとは自分で何とかやりくりしてください、困ったときはしっかりミーンズテスト等の結果で対応しましょう、できるだけ対象者は少ない方が望ましいとなるのである。こうしたことが常識であれば、年金を真面目に払ってきたのに生活保護の待遇の方が良いとの不満や、なぜ金持ちに子ども手当なのかといった批判がでてくることになる。また、税負担率は世界最低レベルでもサービスは最低ではないから国債に頼ることになる。

　また、配偶者、扶養家族に対する手当（現金給付）については、公的にではなく、民間レベルでというのが日本型であった。企業の多くが配偶者手当を支給しており、それは大企業ほど多い。そして、その多くが配偶者に年収制限を設け、配偶者控除限度額や社会保障の被扶養者限度額など非課税限度額が目安となっており、民間企業の福利厚生と公共部門の税制や福祉制度が一体となってきたのである。

4　増税で「転位」できない日本

　1999年の「恒久的減税」は、2006年、半分に減らし、2007年にすべて廃止となったが、これも廃止に様々な批判もあった。下がった負担が所与のものとなってしまい、廃止すると増税という解釈が生まれたからである。

　かつて、ピーコック、ワイズマン両教授は、20世紀前半のイギリスの財政支出を分析し、二度の大戦のような動乱期には、軍事費に伴う財政支出が急増するが、戦争が終わっても、国民は急増した負担が所与のものとなることで、戦後処理や新たな需要が生じ、支出が減少しない。結果として、動乱期毎に階段状に支出が上昇していくといういわゆる転位効果論を展開した[6]。逆もまた真なりである。いったん下がった税負担に慣らされてしまうと、負担感を感じ

てしまうのであろう。

　ブキャナン・ワグナーは、公共選択論の立場から、市場の失敗ばかりでなく公共部門も失敗する可能性があることを指摘している[7]。民主的選挙の結果、有権者、納税者のニーズに合わせていけば、政治家は財源として税より公債を選ぶということになる。景気後退期に公共事業の拡大と減税には対応できても、インフレ時に、その反対の政策をとることができなかった。減税する場合には歳出削減を、歳出拡大の場合は増税をなど、財源と歳出をリンクさせて実施するペイ・アズ・ユーゴー原則はなかなか実現しない。

　西欧の政党は、長年の間に変化しつつも、社民系などであれば大きな政府、サービス供給を重視し減税を否定し、中道から保守系の政党は小さな政府、再分配を少なくし減税路線という緩やかな対立軸がある。しかし、日本では、きれいな政治かどうかと憲法が対立軸とされ、政府の規模と税金は明確な対立軸とはなってこなかった。多くの政党、団体が税金を下げることに熱心で、スタグフレーションやバブルの時期には、サラリーマンの負担が重い、デフレなどの景気後退期には、自営業者や企業の負担が重いとして、いずれも減税への配慮が続いた。そして、現在でも高度成長あるいはバブルの余韻が残り、生活を守るということは物価上昇に対応することであり、所得税を下げて可処分所得、手取りを増やし、法人税を下げることが幸せにつながると信じて疑わない文化に変化があるようにはみえないのである。

---

6) Peacock, A. T. & Wiseman, J., *The Growth of Public Expenditure in the United Kingdom*, New Edition, London: George Allen & Unwin Ltd. 1967.
7) R. E. ワグナー、J. M. ブキャナン、深沢実、菊池威訳『赤字財政の政治経済学―ケインズの政治的遺産』文眞堂、1979年。

Ⅲ 税源配分と地方税

1 税源配分の考え方

　分権改革の中で、一般にまず取り上げられるのが自主財源の充実、すなわち地方税の充実、したがって依存財源を減らすということになる。しかし、農村部自治体では、地方税の充実といっても税源の基礎たる高所得の住民、価格の高い土地、利益を多く上げるような優良企業は多くない。こうした地域に合わせて、依存財源たる地方交付税を充実ということになると、その原資である国税を充実させなければならない。現在の国地方合わせた総税負担を所与とすれば、地方税の充実とは相容れない可能性がある。しかし、実際には、大都市部自治体と農村部自治体の格差から、地方6団体など地方団体内部での意見集約を図るために、地方交付税を含めた一般財源の充実を図るという文言が使われることも多く、この辺が難しいところであった。

　これまで、地方分権推進委員会以来の議論では、国税、地方税、1対1を目指すとしてきた。かつて2対1であった国税地方税比率は、その後6対4、2007（平成19）年度の税源移譲によって4対3くらいまで近づいている。このように、地方税比率が高まってきたのは、税源移譲ばかりでなく、1980年代以降の直間比率の是正を理念とする税制改正、およびバブル崩壊以降の景気対策が、国税所得税や法人税の減税を中心に進められてきていることが大きい。

　1970年代、美濃部都知事時代には、東京都新財源構想研究会の議論があった。新財源構想における現状認識としては、税源配分が

「地方が約30％、国が70％」であり、再配分によって「地方が約70％、国が30％」で、「昭和46年度で4兆8,000億円（国税総額の56.8％）もの金額が、わざわざ『国からあたえる財源』として、地方に交付されている」（第2次報告、1973年）。このアンバランスを直すため、国を中心にしている所得課税を地方中心に改革し、所得税と総合的に考慮しつつ個人住民税率の税率を7％から30％（当時4～18％）までの累進税率とするよう提言している。また、法人税制、金融税制を中心とする不公平税制の改革により国、地方とも増収を図る他、普通建設事業費の国庫支出金の縮小（1兆円から3兆円）を移譲財源に充てるものとしている。これにより、所得税と個人住民税を5対5にすることが目標とされた。

　基本的部分は、税源移譲、国庫支出金、地方交付税の元祖三位一体改革であったこと、所得税：個人住民税を1：1とすること（現在の改革は国税：地方税を1：1）など、今日の議論と近い側面をもっていた。一方、地方財源を拡充するための税源移譲という点では同様であっても、垂直的公平性を高めるため、比例税化でなく累進度を高める方向での改革であること、過疎地を中心に地方交付税を増やす点が異なっていた。

　研究会が東京都の委託事業であったことから当然ともいえるが、どちらかといえば、大都市部の財源問題を中心とした改革案であり、都市部の財源をどう増やしていくかが最大の目的であった。また、国、地方を通じた財源確保により当時問題となり始めていた特例国債を縮小すること、地方債の起債自由化、不公平税制の是正にも注目していた（第5次報告、1976年）。とくに、不公平税制の是正は、財源確保面から大きな位置を占めており、住民税の累進性強化による地域の税収格差拡大の可能性は論点とはなっていない。

　このように、詳細な点は異なるものの、いずれも1対1、すなわち、税金の半分を地方にということである。しかし、事業の3分の2が地方から提供されているから、この差額、すなわち租税の半分を地方税が占めるようになっても、その地方税の3分の1程度の財

源で格差是正と補助といった財政移転を行うのは難しい。

　国際的に見て、日本は必ずしも地方税の配分が小さい国ではない。スウェーデンの次、北欧の国々と同等のあたりには位置している。実際、比較的地方税源の豊かな北欧などの国々でも、単一国家で地方税が国税を上回る国はない。

　図表2-3、図表2-4で利用したOECD統計では、社会保険料を含めた総税収をEU、国、地方、社会保障負担に分けて作表している。

　2009年、連邦国家の税源配分については、平均で地方税が8.0％、州税が16.4％で、国税は53.1％を占めており、州税と地方税との比較でみれば、概して州税のウェイトの方が大きい国が一般的である。地方税が平均の8.0％を大きく上回っているのはアメリカとスイスで、アメリカ17.1％に対しスイスは15.7％である。州税の大きさが特に大きいのは39.2％を占めるカナダであるが、スイス、ドイツ、アメリカの州税も比較的大きい方に属している。州・地方税を地域の自治体税とみた場合、スイス、アメリカ、カナダ、ドイツが比較的しっかりとした（連邦税でない）地域自治体の税をもっていることになり、とくにカナダ、スイス、アメリカは、地域自治体の税が連邦税収を上回っている。

　また、日本のような単一国家25カ国では、地方への配分が平均で12.1％となっている。配分が大きいのは、スウェーデンの36.3％、続いて日本の27.6％、アイスランドの27.3％、デンマークの25.8％、フィンランドの23.8％と続いている。ここまでが20％以上である。また、国税への配分は平均で63.1％となっているが、これが最も小さいのはフランスの31.4％、日本の31.5％、フィンランドの46.1％と続き、あとは50％以上である。少ない国税を持つ国の場合、社会保障負担が大きいか地方税が大きいかということになるが、日本の場合、地方税とともに社会保障負担も大きい方となっている。

　地方税への配分が最も大きいスウェーデンの国税は51.0％、社会保障負担が12.4％である。日本は、税と社会保障負担との比較でみると、社会保障負担の部分が他国に比べ大きい方であり、結果とし

て比較的小さい税負担となり、その中では地方税にウェイトがかかっていることが特徴となる。そして、国税と地方税だけを対比してみれば、最も地方税の比率が大きい国となる。

　こうした状況の中で、考え方は3つある。現行の事務配分、租税総額を前提に税源移譲を進めていくのであれば、国税の地域格差是正能力（地方交付税）が落ちるところを地方税の中で財政調整をする、いわゆる水平的財政調整を導入することである。現在も、事業税の分割基準是正、地方法人特別税譲与税の導入実施、東京都特別区財政調整度、あるいは税源交換論の議論の中に水平調整の考え方が含まれている。

　2つ目は、増税である。地方財源を充実させるためには、大都市部では地方税、農村部では財政調整制度の充実が必要である。国と地方の配分が1対1とはならないかもしれないが、都市部、農村部の財政改革を両立させるための財源確保として必要である。3つ目は、地方への事務配分を減らすことである。地域主権を目指す中では逆行ともいえるが、国際比較の観点からは、他の単一国家に比べ日本の自治体の事務配分は大きく、総合行政主体としての市町村、補完機能をもつ都道府県の役割の点検があってもよい。とくに、公共投資部分の検討である。これにより、事務配分と税源配分の格差は縮小する。地域格差については、国からの財政調整で対応する。

　これらの中で、現行制度をベースに見ていくと、1番目のものとなる。地方財政計画の財源確保の観点から、必要な行政サービス、とくに経常的サービス供給について、点検を行う必要がある。教育、福祉、医療、住宅について社会化していくという観点は重要である。その前提として、国、地方で、しっかりと議論し、決定できる場の設置を進めていくべきだろう。

2　地方税の構成

　地方税については、漸進的でない抜本的改革の必要性がある。日

本の地方税は、国税の所得税と連動する住民税（個人分）、法人税と連動する事業税、住民税（法人分）、消費税の付加税となっている地方消費税に、独立税として固定資産税がある。こうした、多税目の複合税制をとっていることは、税の多様性によりどれかの税がいわゆる「地方税原則」に合致するということで、財源確保においては望ましい面もある[8]。しかし、戦後日本の地方税制の今日までの動きをみると、国の税制と一貫性をもち、租税体系全体の中で政策税制としての役割を担わされてきたといえる。地方自治の財源としての位置づけは弱かったことを示している。

　世界の地方税をみると、いくつかの類型がある。地方所得税型は、北欧の国々などで導入されているものであり、地方税収のほとんどを占める。比例税率の勤労所得税を置くもので、国税に累進部分を置く。国税の資本所得税とともに二元所得税の仕組みの中で制度化されるものである。所得控除は小さく、負担分任性をもち、基本的に個人課税であることに特徴がある。ワークフェアの観点から見れば、自治体の普遍的社会サービスへの財源であり、こうしたサービスは個人向けサービスであることによる。

　一般的消費税型は、連邦国家の州税や共同税的な利用で州や自治体に置かれているものである。付加価値税は、ヨーロッパなど多くの国で国税や連邦税として設けられており、一部が地方財源となっている。

　財産税型は、英連邦などの国々に見られるもので、固定資産や居住を基準に課税されるため、資産を守る治安維持型、多くが世帯課税であることに特徴がある。イギリス、アイルランドではこの税のみの単税制度である。

　この他、法人課税に重きを置く国として、ルクセンブルクなどが挙げられるが、こうした国はまれで、日本は、事業税や住民税の法人分など、地方税にこの分野の税が比較的大きい、そうしたまれな

---

8)『地方税制の現状とその運営の実態』地方財務協会、2003年参照。

国の一つでもある。

　地方への税源配分を増やし1対1を目指す一方、水平調整を避ける方向を考えるならば、できるだけ格差の小さい、住民サービスとの関わりのある税制を考えるべきである。地域格差、年度間格差の最大の要因は、法人2税であり、現在の地方税はこうした点で問題を拡大している。法人2税の税収は、優良企業立地と直接関わるものであり、住民負担の対価としてのサービス供給とはなっていない。少子高齢社会を迎えて他国の自治体と同様、福祉、教育、医療をそのサービスの中心と考えるのなら、これらが、世帯向ではなく、個人向けサービスであることを意識すべきである。

　連邦国家の州税は、売上税や付加価値税など消費課税を採用しているケースが多い。もし、地域主権の地域のイメージが道州制であるなら、道州の税財源として採用することは望ましい。その場合、付加価値税であれば国や道州、さらに市町村とドイツ型の共同税式の課税が考えられるだろう。

　なぜ、これまで、地方が公共事業誘致に熱心であったかを考えれば、雇用創出とともに、自治体として法人課税と固定資産税増収への期待があったからである。住民生活のため所得課税と固定資産税中心に組み換えを考えることを検討すべきだろう。

3　地域再生型の地方税制へ

　日本の地方税は、北欧のような地方所得税中心ではなく、英連邦系のような財産税中心でもない。個人所得課税、法人所得課税、財産課税、消費課税など多くの税によって構成されている。

　住民税は2006年まで累進税制をとっており、県レベルで3段階、市町村で2段階の累進率であった。このため、人口5000人くらいの村に調査に行くと、住民税の最高税率に関わる課税所得700万円以上の人が5人くらいしかいなくて、町長と助役と収入役とあと数人くらいということもあった。こうしたところは、第一次産業従事者

が多く、給与所得者が少ないことも影響していたと思われる。一方、東京のような大都市では、課税所得700万超の住民がいくらもいるわけで、人口や所得水準の地域間格差以上の格差が生じていたと見られる。

　これが、2007年より10％の比例税率となったことで若干の格差是正にはなった。地方税収に関して県別の比較をすると、2007年に、1人あたり税収で全国平均を100とした場合、東京都は178.7となったが、個人住民税では164.8であった。以前の個人住民税は180近かったから比例税率化の効果があったと思われる。比例税率化によって一人あたり税収の全国平均比が低下したのは東京のほかでは神奈川、千葉、奈良、兵庫、大阪、京都くらいである[9]。

　問題は法人2税である。すなわち、法人住民税と法人事業税であるが、法人住民税については、市町村、道府県とも、資本金額によって、均等割額に大きな格差がある。法人税割については、（法人所得課税である）法人税の金額を基礎として標準税率が設定されている。法人事業税については、近年の税制改正で分割基準の見直し、部分的外形標準課税の導入、さらに2008年度改正では地方法人特別税と譲与税によって税収の大都市集中を調整する方向でとなったがまだまだ一部に過ぎない。これまでは課税標準のほとんどを所得及び清算所得によってきており、基本的に変わりはないといえる。このため、2009年度、東京都の税収構成比は、道府県税全体に占める割合でみると16.4％であるのに対し、法人2税（道府県税分）では25.9％。愛知県、神奈川県、大阪府を含め4都府県の合計では、それぞれ37.1％、46.7％とその差が広がっている。財政力指数が1未満の残り43道府県では、概して道府県税のシェアの方が大きい。ただし、バブル前後は、東京都以外すべて不交付団体であったこともあり、現在より格差は大きかった。景気弾力的な税は地域偏在も大きいということで、景気が低迷することにより格差が縮ま

9）『地方財政白書』2011年度版。

るということになったわけである。ここでは、概して大都市部に大企業が多いことと、所得ベースであり企業活動に大きな影響を受けていることにより、格差がつくといえる。

　一方、固定資産税は、土地、家屋を課税ベースの主要部分としているため比較的安定的であり、小規模自治体においてより重要性を増している。町や村では、税収の半分以上が固定資産税で、超過課税も大都市部以外の多くの市町村で実施され財源確保に使われている。また、地方消費税についても、消費譲与税時代のしくみと同様に、国が徴収、地域的に清算、あん分交付ということになり、比較的安定的となっている。

　人口1人当たり税収額、全国平均を100とした場合の指数は、2009年、地方税全体では東京都167.5から沖縄県62.7までとなるが、法人2税で最も格差が大きく、東京都の264.1から奈良県の43.0まで差がつき、最も格差の小さいのは地方消費税となっている。いずれも東京都の指数が最も大きいが、それに次ぐ県は、法人2税で大阪府、京都府、個人住民税では神奈川県、愛知県、固定資産税は愛知県、福井県、地方消費税では京都府、愛媛県と税源が集中する4都府県以外の県が含まれている。地域住民の負担状況、大規模資産の存在、商業の状況等の要因によるもので、各税の特徴を表している。とくに、地方消費税は、ほとんどの道府県が90から110の間に収まっていて、70台は沖縄県と奈良県のみとなっている。ただ、主要4種の地方税のうち、地方消費税の規模が最も小さいため、地方税全体としての格差を動かすほどのものとはなっていないのが現状である。また、たばこ税、自動車税、軽油引取税といった地方個別消費課税についても、あまり地域間格差が大きくない。自動車税、軽油引取税のように、一人当たり指数でみて東京都が全国最低レベルになるような税もある。ただ、税収額がそれほど大きくないのと、そもそも人口集中が大きいので一人あたりでは小さくても金額ではやはり東京が大きいということになり、格差是正への効果も十分ではない。

国際比較から言えば、地方税に関しては、あまり法人依存にならない方がよい。なぜなら、地方が税収を増やそうとして企業誘致に走ると、産業用のインフラ整備に予算が投じられ、生活関連のインフラ整備が遅れてしまう恐れが生じてしまう。少なくとも、昼夜間人口の差があまり大きくならないような視点から地方税収のあり方を考えてみる必要があるのではないか。

　以上のように、地域の実力以上に大都市集中型の税収となる仕組みをもっていたこと、地域への投資を行えばあるいは企業誘致を行えば行うほど地方税収に期待できるシステムがあったことは、高度成長型の地域を考える上では有用でも、地域再生型でないものといえるだろう。原発立地自治体が異常な税収をもっており、完全な依存型になっていることもその例である。

Ⅳ 税制のあり方の検討に際して

1 普遍主義、選別主義と税制

　子ども手当は所得制限無しで導入となったが、世論調査の結果からは、こうした普遍的給付は必ずしも国民の大多数の支持というわけにはいかなかった。できるだけサービス、給付対象者を減らすため、困っている人を選別してミーンズテストを行い、その人々のみにサービスするアメリカ型制度が長く続いていたため、こうした選別主義的社会サービス以外の情報が得られておらず、それに慣らされてしまっているといえる。結果として、子ども手当の再改正も所得制限をめぐってのものとなった。

　日本では、児童手当を含む家庭内の事情は一般的社会支出としてではなく福祉的制度とされ所得制限が設けられており、出口ベースではできる限り抑えていこうという傾向にあった。子供ができた（扶養控除）、高校生になった（特定扶養親族控除）、結婚した（配偶者控除）などという家庭内の事柄は、所得控除を行うことによって対応してきた。おめでたいけれどお金がかかる。では税金は払わなくていいから公共のお世話にならず、家計でやってというものである。また、配偶者、扶養家族に対する手当（現金給付）については、公的にではなく、民間レベルでというのが日本型であった。企業の多くが配偶者手当を支給しており、それは大企業ほど多い。そして、その多くが配偶者に年収制限を設けており、配偶者控除限度額や社会保障の被扶養者限度額など非課税限度額が目安となっており、民間企業の福利厚生と公共部門の税制や福祉制度が一体となっ

てきたのである。いってみれば、社長がお父さん、従業員は子どもたち、従業員の家族は孫とでもいおうか。公共部門が大きくなくとも、企業や家族が補完し高度成長時代を乗り切ってきた。

しかし、終身雇用、年功序列、企業内組合の日本型経営が崩れつつあり、第一次産業を含む自営業の減少、非正規労働の増加が生じ、会社という傘が薄く破れかかってきている今日。またコミュニティが崩壊し核家族化が進み「おひとり様」時代が現実味を帯びてくる中で、将来の日本を背負う子供達のため、子育て支援も社会化する時期に来ているのではないか。年金、医療、介護の保険給付や義務教育は、高額所得者であっても提供されている。扶養控除が手当に振り替わるという考え方は、高額所得者から低額所得者への再分配であり、高額所得者の減税額を減らすことにもなる。また、普遍主義的給付は（選別主義的給付では対象外の）中堅所得層が社会保障の恩恵を感じることで社会政策への支持が高まるという政治的効果もあるようである[10]。

選別的保障システムから普遍的保障システムへの移行に向け、国と地方の税源配分および地方交付税を含めた財政調整をどのように再構築していったらよいだろうか。累進課税など所得の再分配をしっかりとした上で一律に社会サービス提供か、あまり再分配をせず、高額所得者にサービスを与えず所得制限か。近年の新自由主義的政策の中では、後者の部分を重視してきたわけであるが、子供の成長や高齢者の生活を社会化するなど、社会サービスの範囲を拡大していくのであれば前者の方向をとらねばならない。格差是正のために、個人所得課税など累進課税による再分配機能を強化すること、地方交付税における水準超経費部分の返上を含めた地方財政の水平調整論についても議論が必要となる。これにより、個人間の、自治体間の格差是正を一歩進めることができる。

所得課税ならば所得控除か税額控除・手当か、消費課税ならば、

---

10) 阿部彩「『こども手当』は社会手当か、公的扶助か」『生活経済政策』2010年1月号。

非課税品目、軽減税率やゼロ税率など特例的な税率や制度をどの程度設けるか、法人課税ならば、課税ベースを大きくとるかどうか、特例をどうみるか、という議論をベースに制度設計していくこととなろう。

2　地方税の再分配機能について

　自治体の再分配機能否定論に立つ場合、均等割の強化、イギリスで1990年から3年間実施された人頭税のようなものが最も究極の地方税制度といえ、この他、居住者税（現行イギリスのカウンシルタックスのような、借家人を含む住宅占有者にもかかる財産税）、固定資産税中心税制、住民税比例税率化、地方法人課税の外形標準化あるいは地方法人課税の国税譲与税化などが適合する。
　一方、自治体の再分配機能肯定論に立つ場合、住民税の累進課税化、都市財政の議論にあるように地方法人所得課税の強化、日本の場合で言えば法人2税の拡大などを目指すことになる。
　ただ、近年は、国税、地方税を合わせた租税体系として所得課税が累進課税となっていればよいという議論となっており、三位一体改革の税源移譲により、住民税は比例税に、累進税率部分は国税という北欧所得税型に変化してきている。問題は、地方税制としての累進段階より、国税所得税を合わせた所得課税全体での累進度、再分配度、さらに租税体系全体としての垂直的公平をどうみていくかということになろう。個人、企業課税としての応能性は、地方税としてではなく租税負担全体として考えればよいと思われる。どこにいても、負担能力のある人・団体は多くの負担、そうでない人・団体はそれなりの負担をすべきということになる。
　自治体の行財政において重要なことは、どう集めるかよりどう使うか。選別主義的社会サービスから普遍主義的社会サービスへの流れが定着するかどうか。歳出面で考えていくべきだろう。

3 納税環境整備と番号について

　これまで、納税環境の整備のため、社会保障・税に関わる番号制度あるいは国民に設定する様々な番号制度の導入が検討されているところである。

　かつて1980年には、少額貯蓄非課税制度（いわゆるマル優等）の限度額確認のため、納税者番号が割り振られたグリーンカードを採用、金融機関窓口での本人確認制度が立法化されたが、利子配当課税の総合課税化と一体的議論であったこともあって実施されないまま廃止。2002年には、居住情報を管理する住基ネットが導入されたが、今も接続しない自治体があり、住基カードの普及についても進んでいるとは言い難い状況にある。カード面には住民票コード（番号）も記入されていない。今なおプライバシーへの不安が大きいようである。

　諸外国で利用されている番号は、住民登録番号、社会保障番号、納税者番号などを利用したものであるが、使用目的については様々である。ドイツのように納税者番号に限定しているケース、アメリカのように税務と社会保障に利用しているケース、おそらく最も幅広く利用されているのはスウェーデンで、公民で利用されている。

　スウェーデンでは、移動したり子どもが生まれたりした場合、税務署で住民登録を行い、10桁の登録番号が割り当てられ、申請によってIDカードを受け取ることができる。番号は住民登録の他、税務、社会保障、選挙、教育など公共部門のほぼすべての分野で利用される。民間でのやり取りの場合でも、住宅や車の購入、保険、小包の受け取りやネットなどでの個人的売買に本人確認カードとして利用される。政府を信用しているばかりでなく国民相互に信用のベースともなっているのである。

　さらに、個人の勤労課税所得、金融課税所得金額や財産税に関する情報の公開が制度を補強している。かつて日本でも一定以上の所

得や一定以上の納税者を公開していたことがあるが、北欧のものは日本のように一部の高額所得者対象ではない。

　番号制が導入されたからといって、経費の取り扱いなど脱税がすべてなくなるわけではなく、また消えた年金など高齢者問題がすべて解決するとも思わないが、一歩進んだシステムが組みこまれることは確かである。ものの流れや居住情報について、より正確な把握を行う基礎となりえるのである。

4　東日本大震災から

　2011年3月、東日本大震災とそれに伴う津波、福島原子力発電所の事故が起きた。

　震源地から遠く離れていたにもかかわらず、大都市東京の脆弱さも明らかとなった。震災当日の帰宅困難問題。その後の計画停電、地盤の液状化現象、ガソリンやパン、牛乳など食料の買占め…。これらの事柄は、東京圏があまりにも大きくなりすぎたことによるところが大きい。

　国連人口統計（2009年）によれば、東京、神奈川、千葉、埼玉など人口集中地域をまとめて圏域としてみた場合、東京圏の総人口は3,650万人。世界最高の集中人口地域となっている。1950年の統計では、上位10大都市圏の中に、トップのニューヨークの他、パリ、ロンドン、シカゴなど多くの西欧先進国都市が含まれ、東京は2位であった。しかし現在は、アジアなど国全体としての人口も極めて多い、近年工業化が進んできた国々の大都市ばかりとなり、西欧諸国からは6位にニューヨークが入っているだけである。

　海岸近くや低地など本来人の住めなかったところも、埋め立てや土木技術によって居住可能地を増やすことができた。近郊電車や地下鉄の普及、拡大によって通勤可能地域が増えた。住宅問題が大きくなると、建蔽率や容積率の緩和、高度制限の緩和で対応し、さらに大きな入れ物として都市の過大化を進めてきたのである。地域の

均衡ある発展と地域再生のためには、地域が企業や大規模施設誘致にたよらず運営できるよう、税源配分と地方交付税など地方財政制度の見直しが必要となる。
　また、原発の安全神話が崩れてしまった現在、安全性の議論から立ち上げなくてはならず、エネルギーのあり方についても見直しの機運があるだろう。ただ、その前提として、公と民の役割分担見直しも必要である。低すぎる負担が、教育研究予算削減が、再生可能エネルギー導入遅れや災害への備えが不十分な発電所の存在を生んできたとはいえないか。小さな負担で大きなサービスを期待することはできない。
　震災のさ中には、地方税減税をめざす首長主導の地方議会選挙が行われ、地方選挙でも一つの流れを形成した。安全安心や財政を担保に、公的な負担を小さく可処分所得を確保しようとし、それこそが国際競争力の源だとする考え方。現金が多いことが生活満足につながるとする考え方。その向こうに見えるのは、次なる危機、財政の危機である。「国債は大丈夫」。もう一つの安全神話が崩れる前に対応しなければならない。
　2011年11月に成立した復興財源法では、復興債の償還財源として、法人税減税の後10％の上乗せ、所得税は一律2.1％上乗せ、個人住民税の年1,000円増等で対応することとなった。財源の内容と規模が妥当なものであるか、さらなる検討も必要となろう。また、中長期的には、政策税制の積み重ねではなく、公平の観点から租税体系の再構築が求められている。少子高齢化、安心安全のためのシステムづくりには、それなりの負担が必要とされるといえよう。

[参考文献]

［2011］*Revenue Statistics*［2011］OECD.
［2011］*Taxing Wages*［2011］OECD.
［2010］*World Population Prospects, The 2010 Revision*, UN.
財務省HP.
総務省HP.

第3章
転機に立つ所得課税の原理的再検討

中村良広

I
福祉国家の「ゆらぎ」と所得課税改革

　ヨーロッパ、特に敗戦国ドイツで第一次大戦後に「早生的」に誕生し[1]、第二次大戦後に先進諸国に普及し、わが国では1970年代に形成されたとみなされる福祉国家体制は、今日、大きな転機を迎えている。その基底にあるのは先進諸国における高度成長の終焉であり、グローバル化であり、そして高齢化である。今日の福祉国家の困難は、経費面では医療・介護費用の増嵩、そして何よりも年金給付費の増大とその反面での租税・社会保険料の伸び悩みとなって現れている。とりわけ税制面では、増大する負担を受容する国民的合意の形成と国際的に移動する課税物件たる資本に対する有効な課税の方途が大きな課題となっている。

　資本主義の本質が労働力の商品化にあるとすれば、雇用保険や生活扶助さらには年金によってその必然性が緩和されることは資本主義の変質をもたらす。資本主義の変質の所産は福祉国家体制であり、エスピン・アンデルセンのいわゆる労働力の脱商品化[2]がその本質的内容をなしている。これは、財政面では移転支出の飛躍的増大をもたらすが、とりわけ長期の経済停滞や高齢化はこの支出の「転位」をもたらす。問題はこの経費を賄う財源をいかにして持続的に調達するかである。

　高齢化に伴い保険方式の年金制度は重大な財源難に直面し、ドイツでは年金水準の切り下げと私的年金による代替（リースター年金）が実施され、さらに年金支給年齢の引上げ（67歳）が予定されている。アメリカやイギリスでも同様の動きがある。わが国でもす

1）加藤榮一（1973）、55-83頁。
2）エスピン・アンデルセン（2001）

でに基礎年金の支給年齢の65歳への段階的引上げは完成年度（2013年）を目前に控え、引き続き厚生年金の支給年齢の段階的引上げが開始され、2025年にはこれまた65歳に達することが決まっている。さらにはドイツの後を追うかのように支給年齢のさらなる引き上げさえ話題に上り始めた。また、介護保険財政の困難に起因する介護報酬の低位抑制がもたらす介護従事者の人材難、医療費抑制の結果としての「医療崩壊」など、福祉国家体制のほころびが目立ち始めた。

　福祉国家の「ゆらぎ」の意味をめぐってその評価は分かれている。福祉国家は国民経済に対する歳出規模の大きさから見てなお健在であるという「継続説」がある半面で、福祉国家は解体し、個人の自助努力と市場やボランティアの活動が中心になり、国家はそれを円滑に進行させる役割に徹する方向に転換しつつあるという「条件整備国家説」が注目を集めている[3]。この両極端の間には様々なヴァリエーションが存在するが、福祉国家の運命をめぐる議論が沸騰するだけの現実が眼前に進行しつつあることは否定しがたい。

　福祉国家の「ゆらぎ」の中で、所得税はどのような地位を占めるのか。かつて「諸税の女王」と称されたこの税は、その主役の座を付加価値税に譲り渡すのか。それとも安定的租税への再編を経て、福祉国家再生の基盤を提供し得るのか。主要国についてみる限り確かに一般消費税の地位は次第に高まっているが、それでも個人所得課税の地位はなお優勢であり、その動向も底堅い（図表3-1）。

　いまわが国でも、税制改革の必要性についてそれを否定する意見はほとんど聞かれない。なによりも深刻さを増しつつある巨額の財政赤字を眼前にして、歳出削減だけでそれが解決されると本気で信じるのは極度の楽観主義者だけであり、事実を冷静に直視する限り誰もが何らかの形での増税が避けられないことを認めざるを得ないからである[4]。政治家や官僚に対する信頼が極度に低下している現

---

3) わが国における継続説を代表するのは林（2009）であり、Gilbert（2004）を援用しつつ崩壊説を主張するのが加藤（2007）である。

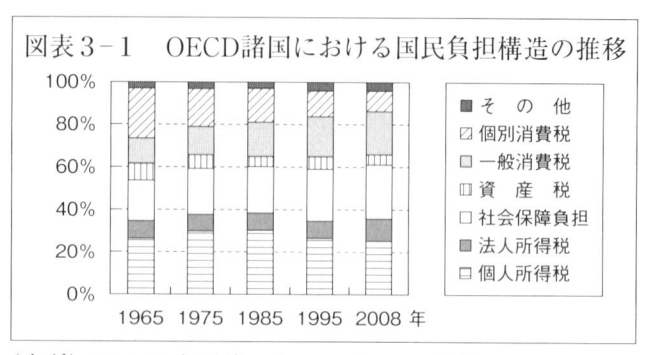

図表3-1　OECD諸国における国民負担構造の推移

（出所）OECD（2010），*Revenue Statistics 1965-2009*.

状では、増税に対する納税者の合意を取り付けることは政治的にはいかにも困難ではあるが、客観的には税制改革と増税は焦眉の急務である。

北欧における福祉国家体制は、「高福祉・高負担」をその特徴としている。それに対してわが国の現状は、「中福祉・低負担」である。当然、歳出と歳入のギャップは財政赤字をもたらさざるを得ない。「中福祉」を「高福祉」にまで引き上げるべきであるかどうかについては議論の余地があるが、現在の福祉水準を引き下げ、「低福祉」にすることへの合意はないといってよい。そこで、少なくとも現行の福祉水準を維持し、「中福祉・中負担」を実現する「中型政府[5]」を構築するためには、租税および社会保障負担の引き上げは不可避である。

近年、増税が意識されるたびに話題になるのが消費税の増税である。所得税の増税は、政府への信頼の失墜もあってかタブー化し、

---

[4] 石（2008b）は、「徹底した歳出削減」が必要なことは当然であるが、それがなお不十分であるという主張が「増税拒否の片棒を担いでいる嫌い」（vi頁）があると指摘している。「増税の前にまず無駄な歳出削減を」という口当たりのよい主張は、結果的に増税を無限の彼方に先送りする口実となりかねない。いまや現実的な選択は、「無駄な歳出削減と増税の同時進行」である。

[5] 町田（2007）は、政府の規模が国民所得比で60％程度のドイツを「中型政府」の例として捉えている。その上で、わが国に関する「小さな政府」の主張を批判しつつも、スウェーデンのような「大きな政府」は民間非営利法人の役割が大きいわが国にはなじまないとして、「中型政府」を目指すべきことを提唱している。

法人税については経済界からはむしろ国際競争の激化と産業空洞化への懸念を口実にその軽減さえ繰り返し要求されている[6]。

わが国の消費税に対しては、その導入時の経緯から長年拒否反応が強かったが、1997年度の税率引き上げを経て今や国税収入の2割を担い、わが国の税制の中に強固に定着した感がある。今後、増税を問題にするに際してこの消費税が焦点の1つになることは避けられない。しかし、消費税偏重型の増税では租税体系のバランスを崩す恐れがある。

日本型付加価値税である消費税の欠陥としては、中小事業者特例措置がもたらす「益税」問題が指摘されて久しい。しかし、この問題も近年の税制改革の結果、よほど縮小した。とりわけ2003年度税制改正（2004年4月実施）によって益税は大幅に縮小し、消費税増税への準備が整えられた。とはいえ、消費税には負担の逆進性という付加価値税に固有の欠陥が付きまとう。軽減税率の導入も取り沙汰されるが、それはそれで制度の複雑化や税収減とコンプライアンス・コスト増大という問題を発生させる。

それ自体としての欠陥を有する消費税であるだけに、租税体系としては複数の税を組み合わせ各税の長短を補い合うタックスミックスを選択せざるを得ない。その場合、なによりも所得税がいま1つの重要な柱となることは間違いない。所得税は納税者の担税力に配慮し得る優れた税であるだけに、財源調達機能を回復し福祉国家体制を支えるべき基幹税としての位置づけが必要である。

「平成23年度税制改正大綱」では、当面政治的に封印された消費税の増税に先立って、所得税増税の動きが始まった。この兆しはすでに前年度から見られたところであるが、前年度はなお子ども手当や高校授業料無償化などとの関連でのいわば調整措置という性格を有していたのに対して、23年度からは明確にネットの増税という色合いを強めることになっている。

---

6)「平成23年度税制改正大綱」ではついに法人税基本税率の引き下げが提案された（▲4.5%）。

本章ではこの所得税増税の動向を念頭に置きながら、今日のわが国における個人所得課税の基本的論点である課税単位と所得控除の問題について検討する。

II
課税単位の再検討―世帯単位課税から個人単位課税へ

1　課税単位の概念と意義

　個人所得課税において論理的な出発点となるのは、税額計算の単位としての課税単位である。ここでは法人所得課税は除外するので、個人所得課税における課税単位が問題になる。税額計算を個人ごとに行うのが個人単位課税であり、世帯ごとに行うのが世帯単位課税である。世帯単位課税はさらに夫婦を単位とする夫婦単位課税、家族を単位とする家族単位課税に分かれる。また、世帯単位で集計された所得の税額計算に際して、世帯所得合計を基準にすれば合算非分割課税となり、一定の基準で夫婦や家族構成員に分割した所得を基準にすれば合算分割課税となる。

　稼得された所得は、給与所得のように個人への帰属が明瞭な場合と、自営業や農業などのように家族単位で就労するためその構成員への帰属が不明瞭な場合とがある。しかも、給与所得の場合も、後述のように配偶者の「内助の功」が問題になるとき、その帰属が個人とは限らないという見解も出てくる。

　給与所得にせよ自営業や農業による事業所得にせよ、所得を各個人にその寄与度に応じて帰属させて課税すれば個人単位課税となり、世帯（夫婦もしくは家族）に帰属させて課税すれば世帯単位課税となる。

　個人単位課税における困難な問題の1つは、家族単位の活動につ

いて各家族構成員への寄与度に応じた所得の分配を把握しうるかということである。この場合、家族構成員それぞれの寄与度に応じて「観念的に」所得を帰属させて課税するか、もしくは「実際に」給与支払いを認めて課税するかという選択肢がある。しかしながら、寄与度の測定は極めて困難であるし、家族への給与支払いについても労働市場を通さない取引となり、給与水準の客観性が確保されないことから、しばしば租税回避のための「所得分割[7]」という批判が加えられる。

このように個人所得課税における課税単位の選択は、本質的には所得の帰属を個人と見るか世帯と見るかによるが、個人所得課税の特色たる担税力の考慮可能性という問題もこれに付け加わる。

すなわち、通常、個人の生活の場は家族であって、稼得された所得は家族を単位として支出され、消費される。世帯単位課税であれば、この事実がそのまま課税単位に反映される。しかし、個人単位課税を選択する場合でも、この個人が生活する場は「家族」であり「世帯」である。そこで、担税力の測定に当たっては個人が所得を稼得する場面にのみ限定されるべきではなく、所得の消費局面にまで視野を拡大し、所得を稼得する個人の背景にある「家族の状況」をも加味すべきだという考え方が出てくる。この点を踏まえて、個人単位課税を採りながらも各種の控除によって「家族の状況」への配慮が行われる。要するに、課税単位の選択については所得の帰属先をどう見るかという問題に加えて、担税力の判定に所得の消費局面をどこまで反映させるかという問題も絡んでくるのである。

---

[7] わが国の個人事業における専従者給与について、これが事業所得の分割であるという批判が広く行われている。確かに勤務の実体のない給与支払いや過剰な給与支払いが所得分割に当たることはそのとおりであるが、そのすべてを所得分割と見るのは行き過ぎである。これは、家族従業者が調達できない場合、外部から従業者を雇用すれば当然それに対して応分の給与を支払うことになり、これについては所得分割とは無関係な経費として認定されることからも明らかである。

図表3-2　課税単位の類型

類型			考え方
個人単位			稼得者本人を課税単位とし、稼得者ごとに税率表を適用する。
夫婦単位又は世帯単位	合算分割課税	均等分割法（2分2乗方式）	夫婦を課税単位として、夫婦の所得を合算し均等分割（2分2乗）を行う。具体的な課税方式としては次のとおり。 ○独身者と夫婦に対して同一の税率表を適用する単一税率表制度（実施国：ドイツ） ○異なる税率表を適用する複数税率制度（実施国：アメリカ［夫婦共同申告について夫婦個別申告の所得のブラケットを2倍にしたブラケットの税率表を適用した実質的な2分2乗方式］）
		不均等分割法（N分N乗方式）	夫婦及び子ども（家族）を課税単位とし、世帯員の所得を合算し不均等分割（N分N乗）課税を行う。（実施国：フランス［家族除数制度］）
	合算非分割課税		夫婦を課税単位とし、夫婦の所得を合算し、非分割課税を行う。

（注）1）イギリスは1990年4月以降、合算非分割課税から個人単位課税に移行した。
　　　2）アメリカ、ドイツでは夫婦単位と個人単位との選択性となっている。
　　　3）諸外国における民法上の私有財産制については
　　　　（1）アメリカ：連邦としては統一的な財産制は存在せず、財産制は各州の定めるところに委ねており、一般的にアングロサクソン系の州は夫婦別産制、ラテン系の州は夫婦共有財産制。
　　　　（2）イギリス：夫婦別産制。1870年及び1882年の既婚女性財産法（Married Women's Property Act 1870, 1882）により夫婦別産制の原則が明らかとなり、1935年の法律改正（既婚女性及び不法行為者）法（Law Reform［Married Women and Tortfeasors］Act 1935）によって夫婦別産制が確立したとされる。
　　　　（3）ドイツ：原則夫婦別産制。財産管理は独立に行えるが、財産全体の処分には他方の同意が必要。
　　　　（4）フランス：財産に関する特段の契約なく婚姻するときは法定共通制（夫婦双方の共通財産と夫又は妻の特有財産が並存する）。
（出所）財務省ホームページ

2 課税単位の諸類型

　個人単位課税は所得を稼得し、それが帰属する主体に限定して担税力を評価するため、課税方法としては簡素である反面、そのままでは生活状況を踏まえた担税力までは捉えきれない。そこで、実際には個人単位課税を基本としながらも扶養控除などの諸控除（所得控除もしくは税額控除）によって消費局面をも加味した担税力を把握しようとする。

　それに対して、世帯単位課税は、「単位」それ自体に婚姻状況、児童や高齢者等の扶養状況が含意されているため、実質的な担税力に適合した課税をなしうるという長所をもつ。しかし、世帯の状況によって税負担が異なるため、婚姻など世帯の在り様に対して租税が非中立的に作用するという問題や、所得を稼得する個人の独立や自由、そしてプライバシーが軽視されるという問題も指摘される。

　もっとも、個人単位課税であっても、担税力に配慮して家族のための各種控除を適用すれば、それが精密になるにつれて実質的には世帯単位課税に接近するといえる。

　課税単位に関連する現代的な大問題は、給与所得者の配偶者の「内助の功」に対する評価と課税方式への影響である。すなわち、「夫婦は一体」であるとして、パートナーの給与所得稼得に配偶者が等しく貢献しているとする理解から、世帯単位課税の一種である夫婦単位課税を選択する立場がある[8]。夫婦単位課税には２人の所得を合算してそれを課税標準とする合算非分割課税と、合算した上で２分割してそれぞれに均等に課税する合算分割課税の一種である２分２乗方式とがある。

　世帯単位課税にはほかにN分N乗方式がある。この方式は世帯の所得を合算した上で、夫婦及びその子の数をも除数に算入して所得

---

8) この論理の背景と問題については次節で検討する。

を分割し、算出された分割所得を基に納税額を算出するものである。

図表3-2は課税単位の諸類型を示している。日本やイギリスでは、今日、個人単位課税が採用されている。しかし、日本ではシャウプ税制実施（1950年）以前には伝統的な家長制度に従い、世帯単位課税が採られていたし、イギリスでも1990年4月に個人単位課税が採用されるまでは世帯単位課税であり、しかもいずれも合算非分割課税であった。

それに対してアメリカやドイツでは世帯単位課税[9]が採られ、夫婦の所得を合算した上で分割して課税する2分2乗方式が実施されている。フランスでは夫婦のみならず子どもを含む家族の所得を合算した上で分割課税するN分N乗方式が採用されている。これら2分2乗方式とN分N乗方式は世帯単位課税のうちの合算分割課税であり、類似の方式であるように見える。しかし、その本質は大きく異なっている。

2分2乗方式は、夫婦の所得は夫婦の共同によって稼得されるものであるとみなし、市場における所得の稼得状況の如何にかかわらず、夫婦の所得を合算した上で同等に分割して課税するものである。生活の場では夫婦は通常共同の消費行為を行い、かつまた配偶者は「内助の功」によりパートナーの所得稼得を助けることで相互扶助と相互依存の関係にある。その意味で、2分2乗方式は対等な夫婦関係という「理念」を同等な所得稼得に擬制した独特の課税単位の選択といえる。

一方、N分N乗方式は、2分2乗方式に家族除数として子どもの数を加えたものであるが、子どもは本来的に所得稼得者ではなく、扶養されるべき存在であるから、同じ除数でも「内助の功」を想定する配偶者の場合とは本質的にその意味が異なる。すなわち、子どもに着目した家族除数はもっぱら家族における消費に着目して担税

---

9) ただし、両国とも個人単位課税の選択が可能である。

力を評価するものである。子どもが所得を稼得することも皆無ではないが、それは例外的で、合算される子どもの所得はゼロで家族除数のみが増えるため、子どもの数が多いほど税負担は低下する。

　２分２乗方式が基本的に夫婦による「均等」な所得の稼得という擬制に基づく課税であるのに対して、Ｎ分Ｎ乗方式は所得の消費局面をも考慮し、子どもの存在による担税力の低下を加味するものである。言い換えれば、Ｎ分Ｎ乗方式とは夫婦による所得の共同稼得に対応する２分２乗方式と子どもによる所得の消費に配慮する仕組みとを組み合わせたハイブリッドな方式である。

3　課税単位の選択と評価

　一定の時代や社会においてどの課税単位が選択されるかは、それぞれの課税単位の評価に依存するところが大きい。藤田（1992）は「経済的公正」と「社会的公正」という「今日的な」評価基準に照らして各課税単位を評価する図表３-３を掲げている。

　表中（Ａ）は個人単位課税方式を、（Ｂ）は世帯単位課税方式を意味する。（Ｂ）の中でも（Ｂ-Ⅱ）とは２分２乗方式のことである[10]。表によれば経済的公正に関しては世帯単位課税がやや優勢であるが、社会的公正に関しては個人単位課税がすべての点で優勢である。

　なお、経済的公正基準に照らして帰属所得が問題となるのは、いわゆる「内助の功」を経済評価すれば帰属所得が発生しているので本来課税すべきであるのに、現実にはこれが困難なため実施されていないからである。すなわち、片働きやそれに近い夫婦の場合に多額の帰属所得があるにもかかわらず非課税となり、それだけ有利になるので不公平である。「単身者対夫婦間の公平」の比較において

---

[10] 藤田のここでの考察では世帯単位の合算分割課税としてはもっぱら２分２乗方式が取り上げられており、Ｎ分Ｎ乗方式は対象外とされている。また、本文では触れていない（Ｂ-Ⅰ）とは、世帯単位課税方式のうちもっぱら人的控除で調整する方式で、例えば配偶者控除を適用するケースを想定している。

図表3-3　公正基準に関する各基準から見た課税単位方式の評価

評価基準		評価
E　経済的公正	E-1　就業形態が異なる夫婦間の公平	(イ)　帰属所得を無視した場合 　　　(B) が (A) よりまさる (ロ)　帰属所得を考慮した場合 　　　(A) が (B) よりまさる可能性が大
	E-2　単身者対夫婦間の公平	(イ)　規模の経済を無視した場合 　　　(B-Ⅱ) がベスト (ロ)　規模の経済を考慮した場合 　　　優劣不明
	E-3　所得分割による租税回避の抑制	(B) が (A) よりまさる
S　社会的公正	S-1　結婚中立性	(A) が (B) よりまさる
	S-2　男女無差別の取扱い	(A) が (B) よりまさる
	S-3　プライバシーの保護	(A) が (B) よりまさる

(出所) 藤田 (1992)、55頁。

は就業状態が同等とされているので、帰属所得の差異はなく、したがってそれを考慮する必要はない。問題になるのは規模の経済のみである。ここにいう規模の経済とは、単身者に比べて夫婦の場合、住居費や食費など共同生活であるがゆえに1人当たりのコストが低くなることを意味している。

帰属所得にしろ規模の経済にしろ、理論的には想定し得るが、現実の算定や課税は極度に困難である。存在しながら課税への反映は不可能であるため、E-1においては「(ロ)(A)が(B)よりまさる可能性が大」となる。また、E-2については「規模の経済を考慮した場合優劣不明」となる。つまり、帰属所得についてはそれを考慮するかどうかで結論が正反対になるほど影響が大きいのに対して、規模の経済の影響はそれほどではないと見られている。結局、経済的公正基準に関しては、E-3の「所得分割による租税回避の抑制」についてのみ世帯単位課税の優勢を明確に確認し得るに過ぎない。

一方、社会的公正基準に関しては、すべての点で個人単位課税が世帯単位課税より優っている。したがって、この比較表によれば個人単位課税がかなり優勢ということになる。

4　市場経済の発展と課税単位

　課税単位の選択については、時代や国に応じた差異が認められる。そこには単なる為政者の恣意や偶然には帰しがたい、客観的根拠がありそうである。林 (2001) は、歴史的に世帯単位課税から個人単位課税に推移する傾向があるとして、その根拠を以下の3点に整理している[11]。

　第1に、所得が家ごとではなく個人ごとに発生するようになった。すなわち、個人が企業に雇用され、給与・賃金を得るようになるに従って個人の所得が明確になってきた。

　第2に、給与を得て働く女性の数が増えた。その結果、結婚に中立的な税制が求められるようになった。

　第3に、社会や世帯における個人の尊重意識が高まり、世帯内でのプライバシーの問題なども重視されるようになった。

　以上の指摘は、要するに市場経済の進展すなわち資本主義の発展・深化に伴い労働力商品化が徹底した結果、所得は給与所得の形を取るようになったため所得の個人への帰属が明確になった、それとともに世帯内に複数の所得稼得者が存在することが多くなった、そして女性の経済的自立化も進んできた、と言いかえることができる。個人単位課税の困難の1つは、上述のように家族単位の自営業の存在にあるが、労働力の商品化が徹底する過程で自営業における家族従業者に対しても賃金支払いが広く行われるようになり、しかもその賃金水準も市場ベースに即して決定されるようになると、個人単位課税の条件がいっそう成熟してくる。

　ただ、自営業に対する課税方式についてはこのように市場経済の発展に伴って個人単位課税の条件が整ってくるとは言えるが、給与所得への課税については経済条件の成熟だけでは片付かない理論上

---

11) 林 (2001)、97頁。

の問題が残っている。

　女性の労働参加が進むにつれて、図表3-3における評価基準について、社会的公正の意義が高まる。経済的自立性を高めた女性にとって結婚するかどうかは選択の問題となり、男女無差別な扱いや、結婚後のプライバシー保護への要求も強まってくる。これらの動向によりよく即応するのは図表3が示すとおり個人単位課税である。

　さらに、経済的公正に関しても共働きが一般化するにつれて、2分2乗方式の弱点である帰属所得の問題が顕在化してくる。共働き世帯の場合、家事、育児の少なからぬ部分を市場において商品の形で調達するため、片働き世帯（ないしそれに近い世帯）にくらべて外食費、保育費などの出費が不可避的に増大する。共働き世帯はこの支出を賄うための給与所得に対してすでに所得税を負担し、さらに支出自体に対して消費税を負担する。一方、片働き世帯の場合、主婦の帰属所得が非課税であるのみならず、家族が消費する帰属サービスへの消費税も課税されない[12]。

　こうして、市場経済の進展すなわち労働力商品化の深化に伴い共働き世帯が多数を占めるようになるに従い、片働き世帯を優遇する世帯単位課税への批判が強まり、個人単位課税への移行の動きが強まる。

　しかしながら、そもそも配偶者（主として妻）の「内助の功」ゆえに給与所得はパートナー（主として夫）1人に帰属するものではない、という論理から選択される合算分割課税としての2分2乗方式は、たとえ片働き世帯が少数派になろうとも論理的には生き続ける。あるいは、極論すれば、すべての世帯が共働きになったとしても、常に夫婦の所得はこれを合算し2分割すべきだということになる。したがって、共働き世帯が優勢になることを背景に、多数決によって個人単位課税への移行ないし純化が進むとしても、問題その

---

12) 帰属所得が非課税であるために、共働き世帯が不利に扱われるという問題は、合算分割課税である2分2乗方式だけでなく、合算非分割課税の場合も同様である。勤労の成果が全面的に給与として貨幣評価され、累進課税されるため、この課税方式が結婚に対する刑罰であるという共働き世帯の不満は、2分2乗方式の場合よりさらに高まる可能性さえある。

ものは未解決のままである。問題の本質は、「内助の功」ゆえに給与所得は夫婦の共有財産であるという出発点を認めるかどうかにかかっている。

　一方、N分N乗方式は、配偶者に関しては2分2乗方式と同様の問題を孕みながらも、子育て支援という別次元の課題に応えることで、歴史的にこの問題への要請が特に強かったフランスにおいて採用された。世帯単位課税への批判の高まりにもかかわらず、世界的に少子化が深刻化する中で、子育て支援の機能が再評価された結果、その地位は健在である。前述のような意味で、ハイブリッドな世帯単位課税であるN分N乗方式は、消費局面に視野を拡大し、家族への分割によって担税力に応じた課税を追求するものである[13]。大家族優遇という意味で「非中立的」な税制ではあるが、まさにその誘導方向が少子化対策を求める社会の要請にかなうことによって、制度としての生命力を保ち続けているのである。

---

13) フランスでN分N乗方式が子育て支援として有効であるのは税率表の累進度が高く、しかもかなり低い所得段階からその累進が始まるからである。わが国のように給与所得者の大部分に5〜10％の所得税率しか適用されない場合、家族への所得分割は累進度を引き下げる効果を持たず、負担軽減につながらない。したがって、これに負担軽減効果を持たせるためには単に所得を分割するだけでなく、各家族に一定の基礎控除を割り当てて課税ベースを圧縮しなくてはならない。

III
課税ベースの拡大―各種控除の再点検

　個人所得課税において納税者の担税力を斟酌する事情があるとき、所得から一定の控除を行う。その第1グループは納税者本人に係る基礎控除、配偶者に係る配偶者控除、扶養親族に係る扶養控除であり、これらを合わせて基礎的な人的控除という。第2グループは納税者に特別に担税力を減殺する事情がある場合に認められる障害者控除、寡婦（夫）控除、勤労学生控除であり、これらを合わせて特別な人的控除という。その概要は図表3-4のとおりである[14]。所得税の財源調達機能回復に向けた課税ベース拡大の一環として、各種人的控除の再点検が開始されている。

　本節ではこれらの人的控除のうち、より普遍的で財政上の意義が大きい基礎的な人的控除を取り上げて検討する。さらにこれに加えて、人的控除とは本質的に異なるとはいえ、個人所得課税の課税ベースに大きく影響している給与所得控除を取り上げる。

1　基礎控除

　基礎控除とは納税者本人についてその所得のうち担税力のない部分を生計費非課税（＝最低生活費非課税）の原則に従って控除するものとされる[15]。しかし、現在、国税所得税について基礎控除は38万円であるが、これが生計費非課税を保障するとは到底考えられな

---

14) 平成22年度税制改正により扶養控除について変更があった。すなわち、子ども手当の関係で年少扶養控除（0～15歳）が廃止されたことに加えて、高校授業料無償化の関係で特定扶養控除（18～22歳）が通常の扶養控除（38万円）に減額された。

図表 3-4　人的控除の概要

		創設年 (所得税)	対象者	控除額【現行】	控除額【改正案】	本人の所得要件
基礎的な人的控除	基礎控除	昭和22年 (1947年)	・本人	38万円		—
	配偶者控除	昭和36年 (1961年)	・生計を一にし、かつ、年間所得が38万円以下である配偶者(控除対象配偶者)を有する者			—
	一般の控除対象配偶者	(昭和36年) (1961年)	・年齢が70歳未満の控除対象配偶者を有する者	38万円		
	老人控除対象配偶者	昭和52年 (1977年)	・年齢が70歳以上の控除対象配偶者を有する者	48万円		
	(同居特別障害者加算)	昭和57年 (1982年)	・特別障害者である控除対象配偶者と同居を常況としている者	+35万円	【同居特別障害者控除に改組】	—
	配偶者特別控除	昭和62年	・生計を一にする年間所得が38万円を超え76万円未満である配偶者を有する者	最高38万円		年間所得 1,000万円以下
	扶養控除	昭和25年 (1950年)	・生計を一にし、かつ、年間所得が38万円以下である親族等(扶養親族)を有する者			—
	一般の扶養親族	(昭和25年) (1950年)	・年齢が16歳未満又は23歳以上70歳未満の扶養親族を有する者【改正案:年齢16歳未満を廃止・年齢16歳以上19歳未満を追加】	38万円		
	特定扶養控除	平成元年 (1989年)	・年齢が16歳以上23歳未満の扶養親族を有する者【改正案:年齢19歳以上に縮減】	63万円		—
	老人扶養親族	昭和47年 (1972年)	・年齢が70歳以上の扶養親族を有する者	48万円		
	(同居特別障害者加算)	昭和57年 (1982年)	・特別障害者である扶養親族と同居を常況としている者	+35万円	【同居特別障害者控除に改組】	—
	(同居老親等加算)	昭和54年 (1979年)	・直系尊属である老人扶養親族と同居を常況としている者	+10万円		
特別な人的控除	障害者控除	昭和25年 (1950年)	・障害者である者 ・障害者である控除対象又は扶養親族を有する者	27万円		—
	(特別障害者控除)	昭和43年 (1968年)	・特別障害者である者 ・特別障害者である控除対象配偶者又は扶養親族を有する者	40万円		—
	(同居特別障害者控除)	昭和57年 (1982年)	・特別障害者である控除対象配偶者又は扶養親族と同居を常況としている者		75万円 【新設】	—
	寡婦控除	昭和26年 (1951年)	・夫と死別した者 ・夫と死別又は夫と離婚したもので、かつ、扶養親族を有する者	27万円		①の場合 年間所得 500万円以下
	(特別寡婦加算)	平成元年 (1989年)	・寡婦で、扶養親族である子を有する者	+8万円		年間所得 500万円以下
	寡夫控除	昭和56年 (1981年)	・妻と死別又は離婚をして扶養親族である子を有する者	27万円		年間所得 500万円以下
	勤労学生控除	昭和26年 (1951年)	・本人が学校教育法に規定する学校の学生、生徒等である者	27万円		年間所得65万円以下かつ給与所得等以外が10万円以下

(注) 表中の改正案は平成23年分以後の所得税について適用。
(出所) 税制調査会 (2010)、7頁。

図表3-5　生活扶助基準の例（平成20年度）

	東京都区部等	地方郡部等
3人世帯（33歳、29歳、4歳）	167,170円	130,680円
単身世帯（68歳）	80,820円	62,640円
夫婦世帯（68歳、65歳）	121,940円	94,500円
母子世帯（30歳、4歳、2歳）	166,160円	132,880円

（出所）厚生労働省社会・援護局保護課（2008）、2頁。

い。

　課税最低限という概念がある。独身の給与所得者の場合、2000年以降今日まで114万4,000円に据え置かれている。しかし、この金額の中には基礎控除とともに給与所得控除と社会保険料控除が含まれている。ところが、給与所得控除を狭く給与所得を得るための必要経費であると解すれば[16]、そもそもその部分は所得ではなく、生計費には充当し得ない。租税に準じる社会保険料を生計費に充当し得ないことも同様である。したがって、いわゆる所得税の課税最低限とは「所得」ではなく、「収入」のうち非課税の部分というだけであって、生計費非課税の原則を実現するものではない。納税者本人について生計費非課税の任務を担うのは、課税最低限の一部を構成する基礎控除でなくてはならない。

　ところで、今日のわが国で最低限必要な生計費は1人当たりいくらか。難しい問題であるが、これについての一応の目安となるのが生活保護基準である。生活保護法第3条によれば、「この法律により保障される最低限度の生活は、健康で文化的な生活水準を維持することができるものでなければならない」。生計費は物価水準の違いなどにより、地域によって異なっている。図表3-5によれば平成20年度において東京都区部と地方郡部等では単身世帯でそれぞれ月間80,820円と62,640円となっている。これを年間に直せば969,840

15）1940年の大規模な税制改正で分類所得税と総合所得税が2本建てとされた際、分類所得税を課される勤労所得および事業所得のうち少額所得者の負担軽減を目的として基礎控除が設けられた。創設当時はさほど原理的な意味は付与されず一般的に税負担の緩和を目的にしたという（田中［2005］、17頁）。
16）給与所得控除の内容はこのほかに「他の所得との負担調整のための特別控除」という側面を持つとされている。この問題については後述する。

円と751,680円である。東京都区部等はいうまでもなく、地方郡部等の扶助基準でさえ基礎控除38万円の２倍に近くなっている。

　こうした基礎控除の低水準は今に始まったものではなく、すでにシャウプ勧告において意識的に提言されている。すなわち、勧告は、基礎控除について「控除額は、納税者の最低生活費、すなわち衣、食、住および医療費を十分にカヴァーできる程度のものであるべきである」という主張に反対し、「基礎控除額および扶養控除額を定めるに当たって、目安となるような正確な標準というものは存在していないのである」という。そして、その目安として日本の生活費ではなく、当時の米国の基礎控除額600ドルを取り上げている。もしこれを当時の１ドル360円の為替レートで換算すれば21万6,000円となり、日本の基礎控除額１万5,000円は極端に低すぎるということになる。しかし、米国の基礎控除額600ドルは米国の半熟練工の月給の約２か月分に等しく、日本の基礎控除額１万5,000円は日本の半熟練工の月給1.5か月分に等しいとして、「日米両国の基礎控除額には大きな差異はない」と結論している。

　以上を踏まえて勧告は、①所得税を日本における政府収入の主たる財源として維持する、②税務行政の執行および国民の納税協力を促進し、かつ現在の納税者集団のうち底辺層の重い負担を除くために税率を引き下げ控除額を引き上げる、という観点から、基礎控除額を２万4,000円としている[17]。要するに勧告は、基礎控除に「生計費非課税」の役割を認めず、その水準の決定に当たっては財源調達目的を優先した。武田隆夫によれば、1949年の東京都の勤労者標準世帯（家族４人）の実支出は月14,000～15,000円[18]、したがって年168,000～180,000円であるのに対して、基礎控除と扶養控除は合わせて61,000円であり、生計費の半分にも及ばなかった。

　もともと創設以来、基礎控除は生計費非課税を実現するものではなかったが、シャウプ勧告においてもこのことが継承され、基礎控

---

17) 福田幸弘監修 (1985)、80–81頁。
18) 武田 (1950)、5頁。

除および扶養控除の低水準は、以後今日に至るまで引き継がれている。もっとも、給与所得控除（勧告当時は勤労控除）を加えてもなお生計費非課税を実現し得なかった勧告当時に対して、今日ではその事情は変化しているが、そもそも給与所得控除によって生計費非課税を実現しようというのが筋違いであることは既に述べたとおりである。

不合理なまでに低い人的控除をめぐって、わが国では過去２度にわたって訴訟が提起された。最初の事例であるいわゆる池畑訴訟に対して最高裁平成元年２月７日第３小法廷判決は、「憲法25条の規定の趣旨にこたえて具体的にどのような立法措置を講ずるかの選択決定は、立法府の広い裁量にゆだねられており」と述べ、広範な立法裁量権を認めた。しかも、この訴訟において基準として主張された総評理論生計費については、「日本労働組合総評議会（総評）にとって望ましい生活水準ないし将来の達成目標に過ぎず、これをもって『健康で文化的な最低限度の生活』ということはできない」とした。

池畑訴訟では原告独自の生計費が訴訟の根拠とされたのに対して、いわゆる青木訴訟は、生活保護基準との関連で提起されたが、東京地裁昭和61年11月27日判決は、原告の所得が生活扶助基準を大幅に上回っていたために、争点となった基礎控除額をそのまま適用しても「原告の健康で文化的な最低限度の生活が侵害されるということのないことは明らかである」とした。この場合、東京地裁は課税最低限と基礎控除の関係について一般的に判断することを避け、具体的に原告の生存権が侵害されているかどうかに限定した判決を下したのである[19]。

ドイツにおいてもかつて基礎控除と生計費非課税の原則との関連が訴訟で争われたことがある。この場合も、所得税における基礎控除（Grundfreibetrag）が社会扶助基準を大幅に下回っていること

---

19) 以上の判例に関しては、判決の引用も含め、三木義一（1994）による。なお、この論文はドイツにおける基礎控除をめぐる違憲判決についてもかなり詳しく論じている。

図表3-6　ドイツ所得税における基礎控除の引上げ

（単位：マルク）

区　分	改正前	1996	97～98	99～2000
独身者	5,616	12,095	12,365	13,067
夫婦者	11,232	24,191	24,731	26,134

（出所）大蔵省財政金融研究所編（1996）、6頁。

図表3-7　ドイツ所得税における基礎控除の推移

（単位：ユーロ）

区分	2000	2001	2002	2004	2005	2009	2010
独身者	6,902	7,206	7,235	7,426	7,664	7,834	8,004
夫婦者	13,804	14,412	14,470	14,852	15,328	15,668	16,008

（出所）Bundesfinanzministerium

が問題とされたのである。この訴訟についてドイツ連邦憲法裁判所は1992年9月25日の判決において、現行法が違憲であることを明確に判示し、立法府に対して遅くとも1996年1月1日までに十分な基礎控除を保障する新規定を制定することを求めた。その結果、ドイツの所得税における基礎控除は図表3-6のように2倍以上に引き上げられた。さらに2000年以降も徐々に引き上げられており、直近の2010年では日本円にして約92.1万円[20]と、わが国の基礎控除の2.4倍強の水準にある（図表3-7）。これを図表5のわが国の生活扶助基準と比較すれば、東京都区部等の年間約97万円にほぼ等しい。

　なお、ドイツでは夫婦者については2分2乗方式を選択した場合、それぞれに基礎控除が適用されるため基礎控除は独身者の2倍になる。

　そもそも基礎控除とは、ドイツの連邦憲法裁判所判決が示すように納税者本人の生計費非課税のための控除である。さもなくば、生活保護基準以下の所得に課税されるという不合理が発生する。わが国ではことについての認識が薄く、創設の経緯がそうであったように、単なる租税負担軽減のための手段と理解されている嫌いがあ

20）2010年後半の円高の影響で年平均1ユーロ＝115～116円となった。ここでは115円で換算した。

る。そのため、例えば、配偶者控除の廃止や給与所得控除の削減が話題になるとき、その代替措置として基礎控除の拡充が論じられることがある。しかし、もともと性格の異なる控除を基礎控除に集約するという発想が筋違いなのである。

確かに、基礎控除が極めて不十分な現状では給与所得控除がその一部を肩代わりしているというのが実態かもしれない。しかし、仮にそうであるとしても、給与所得者に固有の給与所得控除の削減の見返りに、給与所得者に限らず一般的に適用される基礎控除を引上げることは論理的に説明し得ない。さらに、後述の扶養控除についても基礎控除と同様に過小であるため、いっそう給与所得控除の「水増し」に依存することになっている。

いずれにせよ基礎控除の不備はそれ自体大きな問題であるし、それにとどまらず他の諸控除の改革にも歪曲的影響を及ぼしかねない。したがって、とりわけ給与所得控除の見直し（＝圧縮）が行われるとすれば、その際には基礎控除の引き上による生計費非課税の確保が不可避の課題として浮上する。

2 扶養控除

扶養控除についてもその基本は基礎控除と同額の38万円とされているため、その水準については上述の通り基礎控除と同様の問題がある。ここではこの点について繰り返すことは避け、最近の新たな動きに関連して、その論点を指摘しておこう。2005年6月に公表された税制調査会「個人所得課税に関する論点整理」（以下、「論点整理」と略称）は、子育て支援のために扶養控除について検討すべき問題として次のような事項を提起している[21]。

①所得控除から、財政的支援という意味合いが強いとされる税額控除への転換。

21）税制調査会（2005）、9-10頁。

②対象者への年齢制限の導入。

③特定扶養控除（16歳以上23未満の扶養親族）の簡素化、集約化の観点からの見直し。

①③の関連では、政権交代を受けて2010年度から「子ども手当」が導入され、さらに高校授業料無償化が実現された。「所得控除から税額控除」を超えて「手当」が支給されることとなった。それによって0～15歳の扶養親族の養育に要する保護者の負担が大幅に軽減され、かつ16～18歳の扶養親族の教育費が抑えられることになった。これらの措置との調整のため、0～15歳の扶養親族のための年少扶養控除が廃止され、かつ16～18歳の扶養親族のための特定扶養控除の上乗せ分（38万円の扶養控除に追加される25万円）が廃止された（2011年分から適用）。高所得層に有利な所得控除を廃止し、「所得控除から給付へ」向かう新たな政策選択が開始されたのである。

①については新政権の政策も「論点整理」と同方向といえるが、③についてはむしろ逆で、当該年代に対する教育費の集中を確認し、高校授業料無償化という形で具体的にその負担を軽減した上で、特定扶養控除の上乗せ分を廃止した。

②については、低所得の高齢者の扶養に関するものではなく、フリーターやニートといわれる層の増加などを念頭に置く発想であろうが、扶養控除の根本にかかわる新方針といえる。この成年扶養控除の制限については、そもそもその適用を廃止したところで、それによって就業が促進されるわけではない。厳しい雇用情勢を背景に、必ずしも自己責任とは言えない低所得親族を扶養するケースに対して、扶養控除の適用を外すことには問題が多い。

「平成23年度税制改正大綱」では成年扶養親族（扶養親族のうち年齢23歳以上70歳未満の者）に関する扶養控除について、制限を設けつつも扶養控除対象から外し始めた。高齢者、障害者、学生等については扶養控除の対象とされることに加え、合計所得金額が400万円以下の者について成年扶養控除は従来通りとされるなど、確か

に慎重に影響を抑制してはいるが、約110万人が影響を受けると見られるこの措置は、扶養控除のセーフティ・ネット機能を弱体化させるものである。この措置は、結局はねじれ国会の影響で見送りにはなったが、問題そのものが解消されたわけではない。

3 配偶者控除

わが国では創設以来約50年の歴史を持つ配偶者控除であるが、人的控除の中ではその根拠そのものに異論が提出されている。配偶者にはかつて1人目の扶養親族として扶養控除が適用されていた。扶養控除に代えて配偶者控除が新設されたのは1961年であり、当時は基礎控除と同額の9万円で、扶養控除（一般3万円、15歳以上5万円、被扶養配偶者がない場合の1人目は7万円）より大きかった。近年になって税制調査会においてもこの配偶者控除の存廃に関わる見直しが提起されるに至り、制度そのものが大きな岐路にさしかかっている。

3-1 見直しの論拠

配偶者控除について、「論点整理」は次のような論拠で根本的な見直しを提起している[22]。

①配偶者の家事労働の経済的価値という側面などを考慮すると、夫婦であることが担税力を一方的に低下させるとはいえない。

②配偶者控除は配偶者の就労を抑制する非中立的な効果を持つ。

③配偶者の所得が一定額以下であれば基礎控除の適用を受けつつ課税関係が生じない。一方、パートナーが配偶者控除の適用を受けるため、夫婦で二重の控除を享受することになる。

配偶者控除についてはこれまで多くの論議が重ねられてきた。

---
22) 税制調査会 (2005)、8頁。

図表3-8　妻が専業主婦（非就業者）である雇用者／妻のいる雇用者

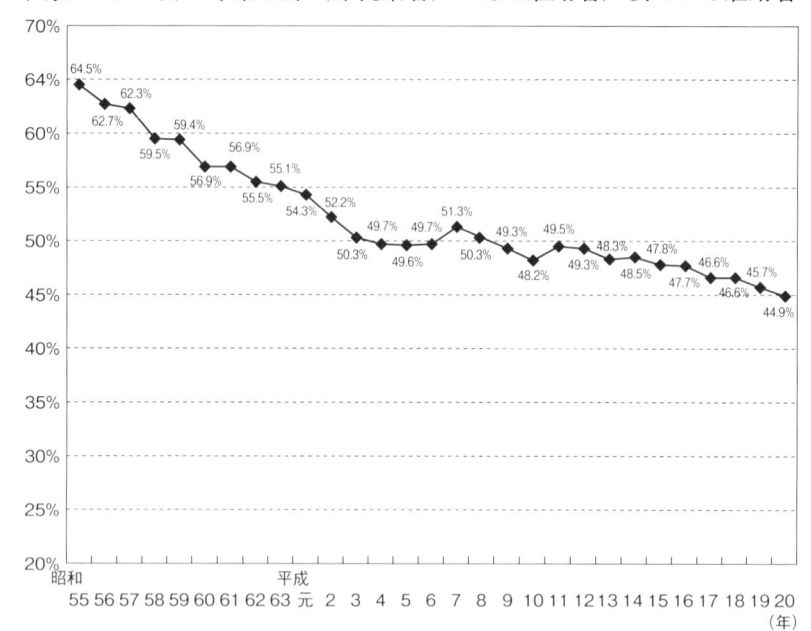

(備考) 1.「妻が専業主婦である雇用者」とは、夫が雇用者で、妻が非就業者（非労働力人口及び完全失業者）の世帯。
　　　 2. 就業者から農林業、自営業主及び家族従業者は除いた。
(参考) 昭和34年の割合は69.4%（昭和34年10月「労働力調査臨時調査報告」）。（以降昭和55年まで該当データなし。）
　　　「労働力調査特別調査」「労働調査」（総務省）により作成。
(出所) 税制調査会（2009）、42頁。

　1987年税制改正によって配偶者控除に上乗せする形で創設された配偶者特別控除は、2004年1月に廃止された。女性の就業率が高まるとともに、働く女性の間から配偶者控除の存在に対する批判が強まるという事情に財源調達の要請もこれに加わり、いまでは配偶者控除そのものの廃止が日程に上り始めた。すでにこの10年余り妻帯者のうち妻が専業主婦である者の割合は全体の半数を割る状態が続き、しかもその傾向が強まっている（図表3-8）。

110

3-2　制度創設の根拠

　しかし、そもそも1961年に扶養控除とは別に配偶者控除が設けられた論拠を点検してみると、「論点整理」や多くの論者が主張する配偶者控除批判論は必ずしも制度の趣旨を踏まえたものとはいえないことが判明する。配偶者に関する控除について詳細な検討を加えた1960年の税制調査会答申は、次のような論理で配偶者控除の創設を提案した。

　すなわち、パートナー（通常、夫）が就労し、配偶者（通常、妻）が主としてあるいはもっぱら家事を担当する場合、パートナーの所得の稼得は、配偶者の「内助の功」に支えられているとする。その場合、パートナーの所得に対する税制上の扱いは次のようになる。「①夫婦の所得の合算制をとらぬにしても、夫婦の特殊な地位は、前に述べたとおりであり、税制上も何らかの形でこれを反映したものとしてしかるべきである。

　この場合、現行法のように配偶者をその生計費の見地から扶養控除の対象としてのみ、みることは適当ではあるまい。夫婦の所得が一体としてみられるべきこと、夫のみが所得を稼得している場合でも妻は家庭内の勤めを果たすことにより夫の所得のか得に大きく貢献していることを考えれば、妻は夫の得た所得の処分に対しても大きな発言権を持っているというべく、したがってその控除も、現在のように単に夫に扶養されるものという立場で決めるのでなく——アメリカ流の二分二乗方式までゆかないにしても——所得者たる夫と同額のものを認めてよいと考えられる。

　②配偶者控除の創設は、現在の１人目の控除を２万円引き上げることにより、夫婦の一方のみが所得を得ている場合と、双方が共かせぎで所得を得ている場合との税負担のバランスを改善するうえに役立つ。

　③当調査会は、後述のよう専従者控除の拡充を適当と考えてい

る。しかし、税制上の理由はともかくとして、それが事業所得者に対して特別の利益を与える減税であることはさけられない。

そこで、実際問題として現在でも負担が重いといわれている給与所得者の負担とのバランスが一層問題となるが、配偶者控除の創設は、給与所得者を含む多くの納税者に広く減税の利益を及ぼし、専従者控除の拡充により、事業所得者が受ける減税の利益との差を薄める実際的効果を持っている[23]」。

重要なことは、当時の答申が「夫婦の所得が一体としてみられるべきこと」という立場を採っていたことである。にもかかわらず夫婦所得の合算制度を採用しなかったのは、主としてそのことが「むしろ税制を複雑にする[24]」という実務的な理由によっていた。すなわち、この答申は、課税単位として夫婦単位課税を原理的に承認した[25]。個人単位課税の形を維持したのは、あくまでも実務的な理由からであった。個人単位課税の形式を維持しながらも片働きないしそれに近い世帯に対して夫婦単位課税（その中の２分２乗方式）に準じる負担軽減効果を及ぼすための次善の策として配偶者控除を創設した。扶養控除と区別して、金額的にもそれを上回る配偶者控除を創設した根拠はまさにこのようなものであった。

同時に注意すべきは、配偶者控除をめぐるこのような原理的検討があえて行われた背景である。1950年代後半以降は日本経済の高度成長の時代であり、年々の所得上昇の結果として巨額の自然増収が発生した。そのような中で毎年の減税政策が可能になり、その一環として事業所得の負担軽減が進められた。1952年に創設された青色申告専従者控除は、当初は配偶者を除くものであったが、やがて配偶者も対象に加えられた。1961年には青色専従者控除が大幅に引き上げられるとともに、白色専従者控除も新設された。そのような中

---

23) 税制調査会（1960）、47-48頁。
24) 47頁。
25) 次の記述は夫婦単位課税の合理性を承認している。「夫婦という共同体にあっては、おのおのの消費ないし生活水準は、夫婦のうちいずれかが所得を得たということではなく、全体の所得水準と各人の必要によって決められるのが普通であり、税制上これを担税力を求める最小の単位とみることは、むしろ自然の考えと思われる」（税制調査会［1960］、45頁）。

で、給与所得者との負担のバランスを図る観点から、配偶者控除の新設が検討された。配偶者控除の原理的な根拠づけの当否とともに、このような制度が実際に導入された背景には豊かな財源と、それに基づく減税政策があったことを銘記すべきである。

3-3　求められる原理的再検討

　配偶者控除についてはその創設時にはすでに見たように世帯単位課税を容認する立場がその基本にあった。これが変わらない限り種々の弊害が指摘されるにしても、制度の大枠は維持されざるを得ない。

　ところが最近では配偶者控除についても個人単位課税を前提にその当否が論じられ、暗黙のうちに1960年答申の「夫婦の所得が一体としてみられるべきこと」という見解は放棄されている。本来であれば、まずはこの世帯単位課税の当否が原理的に問われるべきである。

　1960年の税制調査会答申が「夫婦の所得が一体としてみられるべきこと」という世帯単位課税の立場を採った最大の根拠は、「夫のみが所得をか得している場合でも妻は家庭内の務めを果たすことにより夫の所得のか得に大きく貢献していること」という点にあった。しかし、実はこの見解は、配偶者の労働の果実の意味についての誤解に基づいている。仮に配偶者の労働がパートナーの所得稼得の必要経費を構成するようなものであるとするなら、配偶者の労働の成果をパートナーの収入から控除することができる。パートナーの所得に配偶者の「内助の功」が直接的に寄与する場合には、「夫婦の所得が一体としてみられるべきこと」という立場もあながち謬見ともいえない。もちろんこの場合も、両者の所有権を常に対等とし、2分2乗法を適用する論理的な根拠はなく、本来は「寄与度に応じて」ということになるはずである。

　しかし、問題は「内助の功」とされる労働の内容である。通常そ

れは家事・育児労働（介護労働が加わることもある）であるが、これはパートナーの所得算定に際して必要経費として収入から控除される性格のものではない。このことは例えば、家事・育児労働を配偶者に任せず、家事使用人を雇用し、給与を支払うとしてもこの給与分を収入から経費として控除することが出来ないことからも明らかである。家事・育児労働は家事的消費であり、所得稼得に投入されるものではなく、所得の消費に係るものなのである。

このように、配偶者控除創設の論拠となった配偶者の「内助の功」を根拠とする世帯単位課税論がそもそも誤りであったことがまずもって確認されるべきである。

個人単位課税を前提にした場合、「内助の功」は経済学的には次のような意味を持っている。

①「内助の功」の実態をなす配偶者の家事・育児労働は、配偶者に帰属所得をもたらす。パートナーは配偶者のこの家事・育児労働を無償で消費することで帰属消費が発生する。

②配偶者の帰属所得はキャッシュ・フローを伴わないので担税力に欠けるが、パートナーの帰属消費はそれがない場合に比べてパートナーの担税力を高める。

③共働きであれば家事・育児労働を多かれ少なかれ商品形態で代替せざるを得ない。それは、外食、家事手伝い人雇用、保育所利用などという形をとる。これに必要な経費を支払うための所得には所得税がかかる。さらに、家事・育児サービスの購入に対しては消費課税が行われる。一方、「内助の功」によって家事・育児労働を行う場合は、帰属所得に対する所得課税もなければ、その消費に対する消費課税もない。

配偶者控除の経済学的問題の本質はここにある。配偶者の「内助の功」の存在は税負担軽減ではなく、むしろ課税の根拠となるのである[26]。しかし、論理的にはこの通りであるが、図表3-9に見るように諸外国においても配偶者控除はそれほど珍しい制度ともいえない。また、わが国でもすでに長期にわたって定着しているだけ

図表3-9 主要国における課税方式・課税単位・人的控除等

	アメリカ	イギリス	ドイツ	フランス
課税方式	申告納税	申告納税	賦課課税	賦課課税
課税単位	個人単位又は夫婦単位の選択制	個人単位	夫婦単位又は個人単位(二分二乗)の選択制	世帯単位(N分N乗方式(注5))
納税者に係る控除等	概算控除(注1) 11,400ドル 人的控除 3,650ドル	基礎控除 6,475ポンド	税率不適用所得 8,004ユーロ 被用者概算控除 920ユーロ 特別支出概算控除 36ユーロ 保険料控除	社会保険料控除 一般社会税控除 必要経費概算控除(10%) 税率不適用所得(注7) 5,875ユーロ
配偶者に係る控除等	人的控除 3,650ドル	—	(税率不適用所得 8,004ユーロ) (特別支出概算控除 36ユーロ) (注2)	税率不適用所得 5,875ユーロ
被扶養親族に係る控除等	人的控除 3,650ドル 児童税額控除 1,000ドル	—	児童手当・児童控除(注3)	税率不適用所得 5,875ユーロ

(注) 1) アメリカの概算控除の金額は、夫婦共同申告者に係るもの。
2) ドイツの配偶者に係る控除等は、夫婦単位課税(二分二乗方式)を選択する夫婦者の場合のみ適用可能。
3) ドイツにおいては、児童手当(給付)と児童控除(所得控除)のどちらか有利な方のみが適用される制度となっている。一般的に、中・低所得層には児童手当、高所得層には児童控除が適用される。
4) ドイツにおいては、上記の所得税のほかに、所得税額に対して定率(5.5%)で課される付加税がある。
5) フランスにおける子どもの家族除数は、第二子まで0.5、第三子以降1である。
6) フランスの所得税の計算にあたっては、諸控除を記載した順番に収入から控除することとなっている。
7) フランスの税率不適用所得は、家族除数(N) 1人あたりの金額である。

(出所) 税制調査会(2010b)、11頁。

に、制度の変更は大きな影響をもたらす。とはいえ、1960年までの扶養控除に戻ることはできない。配偶者は、「帰属所得」ではあれ一定の経済価値を生み出しているからには一方的に扶養される存在とは言えないからである。配偶者控除については、現実的には激変緩和措置を講じつつ中長期的に廃止の方向に進むべきであろう。

4 給与所得控除

4-1 給与所得控除見直しの背景

　給与収入から給与所得控除を差し引いた金額が給与所得である。マクロ的に見て所得控除総額は給与収入総額の約3割を占めている（図表3-10）。給与所得控除の淵源はすでに大正期に見られるが、当初は勤労所得控除と称し、シャウプ税制においてもこれが踏襲された後、1953年に給与所得に対する控除であることを明確化する趣旨から給与所得控除と改称されて今日に至っている。制度の導入以来、徐々に拡充されたが、特に1974年に大幅に拡充され、それ以来この基本構造が維持されている。1989年には最低保障額が従来の57万円から65万円に引き上げられた後、今日まで据え置かれている。控除率については40％に始まり収入部分が高くなるにつれて徐々に低下し、1,000万円超の部分に対しては5％が適用され、上限はなく「青天井」となっている。近年、税制調査会ではこの控除規模が過大であるとの論調が強まっている。

　そもそも給与所得控除の根拠について、1956年の「臨時税制調査

26）かつて経済企画庁は家事、育児、介護、買物などの「無償労働」の貨幣価値を試算した。推計方法としては、機会費用法（就業断念により失う所得で換算）と代替費用法（業務委託した場合の費用で換算）がとられている。また、代替費用法はコックや保育士など専門家の賃金で換算するスペシャリスト・アプローチと家事使用人の賃金で評価するジェネラリスト・アプローチに分かれる。最も安価なジェネラリスト・アプローチで評価した有配偶女性の社会活動を除く無償労働の貨幣価値は、全世代平均で年間約152万円となった（経済企画庁経済研究所国民経済計算部［1997］）。

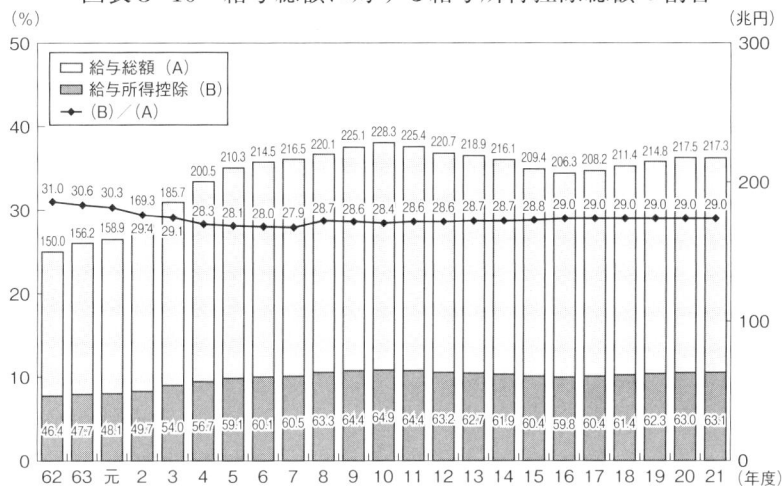

図表3-10　給与総額に対する給与所得控除総額の割合

（備考）総務省自治税務局「市町村税課税状況等の調」を基に作成。
（注）個人住民税の課税実績に基づく、前年分の所得に係る金額である。
（出所）税制調査会（2010a）、11頁。

会答申」は当時行われていた説明を、①勤務に必要な費用の概算控除、②資産所得、事業所得に比べ弱い担税力に配慮した負担調整、③所得が正確に捕捉されやすいことに対する捕捉調整、④源泉徴収に対応する金利調整、の4点に整理している[27]。これらの根拠について「答申」は、「それぞれ相当の根拠をもち、これらを総合して現行給与所得控除の趣旨とすることが妥当と思われる」と評価している。しかし、やがてこれらのうち③④は除かれ、①「勤務費用の概算控除」、②「他の所得との負担調整」が公式に認められてきた。ところが、すでにこの10年余り②についても、いくつから理由からその根拠が薄らいだとされ[28]、次第に①「勤務費用の概算控除」に

---

[27] 臨時税制調査会（1956）、49頁。
[28] 税制調査会（2005）は、今日、給与所得者は就業者の約8割を占めるに至ったが、正規雇用者の割合の低下、終身雇用を核心とする日本的雇用慣行の揺らぎ、会社を通じた雇用・生活保障機能の低下の中で、自らの市場価値を高める様々な自己努力を行っている給与所得者もいることを指摘し、その意味では給与所得者と事業所得者との違いはなくなりつつあると論じている（2頁）。

その根拠が一元化される傾向が明らかになっている。

　一方、財務省サイドはかなり以前から、折に触れて勤労者世帯の年間収入に占める「給与所得者の勤務に関連する経費」と指摘されている経費の割合を示してきたが、その比率は近年では6％程度である[29]。ここから導き出される結論は、給与所得控除はその本来の根拠たる「勤務費用の概算控除」に照らして過大であり、現行の給与所得収入に対する約30％の水準は大幅な引き下げが可能だということである。

4-2　見直しの具体像

　給与所得控除の大幅圧縮という事態になれば、給与所得者の確定申告権の保障問題が浮上する。かつてサラリーマン税金訴訟（大島訴訟）において、原告の主張の1つは1964年の実際の経費が給与所得控除を上回っているにもかかわらず、実額による申告を認めないのは不合理だという点にあった。この訴訟は結局原告の敗訴に終わったが、給与所得者のこうした不満に応える形で1987年度税制改正によって、特定支出による実額控除選択の途が開かれることになった。しかし、特定支出控除がきわめて使いにくい制度であったこと、給与所得控除の大幅な拡充が実施されたことなどから、実際にこの制度はほとんど適用されることはなかった。それにもかかわらずそのことに対する不満もほとんど表面化しなかったのは、給与所得控除が大幅に拡充されたからである。それだけに、今後給与所得控除が圧縮されることになれば、実額による申告納税の途を広く開放すべきであるという要求が高まる可能性がある。

　「平成23年度税制改正大綱」は、給与所得控除の見直しをめぐって以下のような注目すべき方針を打ち出した[30]。

---

29) 収入に占める勤務関連経費の割合（全所得階層平均）は1973年の11.3％をピークに低下傾向をたどり、2008年には5.7％となっている。（税制調査会［2010d］、11頁）。
30) 税制調査会（2010e）、12-13頁。

①給与所得控除の現行制度では所得階級に応じて控除率が適用される。その控除率は40％に始まり所得が上がるにつれて５％まで低下するが、５％は最高所得層に対しても上限なく「青天井」で適用される。今後はこの「青天井」を無くし、給与収入1,500万円超に対しては245万円を上限とする。

　②4,000万円超の役員給与等について給与所得控除はその金額の２分の１を上限とする。なお、2000万円を超え4,000万円までの間では負担調整を行う。

　③特定支出控除の範囲に、現在除外されている弁護士、公認会計士、税理士などの資格取得費を追加する。さらに図書費、衣服費、公債費及び職業上の団体の経費（これらを「勤務必要経費」という）も追加する。

　④現行制度では特定支出控除適用の判定基準は給与所得控除の全額であるが、今後は給与所得控除の２分の１の額として、実額控除の機会を拡大する。

　重要なのはこれらの改正の前提として、給与所得控除の性格が「勤務費用の概算控除」と「他の所得との負担調整」の２つの性格をもっているという従来の解釈を踏まえた上で、「各々２分の１であることを明確化」したことである。給与所得控除の２つの性格の定量的意味が公式に確認されたのは初めてのことである。その結果、法人役員などは一般従業員と異なり、その勤務態様が必ずしも従属的ではないとして役員給与等については「他の費用との負担調整」が認められないことになり、給与所得控除の金額の２分の１を上限とすることとされた。

　さらに、給与所得控除の２分の１が「勤務費用の概算控除」と明確化されたことから、給与所得控除の２分の１と特定支出控除とが比較されることになり、特定支出控除が給与所得控除を上回る場合には特定支出控除の適用が可能になる。現行制度では給与所得控除の全額が比較されているため、特定支出控除の適用は極めて困難である。特定支出控除の範囲の拡大と並ぶ比較すべき給与所得控除の

図表 3-11　給与所得控除と特定支出控除

〈現行〉　　　　　　　　　　　　　〈見直し案〉

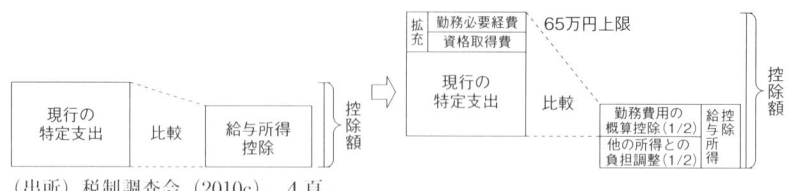

(出所) 税制調査会 (2010c)、4 頁。

2分の1への制限は、特定支出控除適用の機会を拡大するものである。

実は、1987年度税制改正で特定支出控除を導入する際に、税制調査会は給与所得控除の2分の1と比較すべきことを提案していたが、これが自民党税制調査会で拒否され、給与所得控除の全額と比較することとされた経緯がある[31]。「平成23年度税制改正大綱」の提案において、かつて葬られた税制調査会の提案がいま甦ったともいえる。

4-3　見直しの影響

「平成23年度税制改正大綱」の影響は、さしあたっては高額所得層に対する増税となる。しかし、この影響はそれだけにとどまらない。給与所得控除のうち「勤務費用の概算控除」部分が2分の1と明確化されたことで、実際の勤務費用との比較が一層現実味を帯びるからである。かつてのように給与所得控除の根拠が2つの側面をもつと解釈されただけでは、その中での「勤務費用の概算控除」の寄与度は定量的には曖昧で、実際の勤務費用との比較基準も曖昧化せざるを得なかった。

ところが、実は根拠は不明でありながら、「各々2分の1である

---

31) 藤田晴 (1992)、106頁。

ことを明確化」したことによって、給与収入の3割の2分の1、すなわち15％と実際の勤務費用（6％程度）とが比較されることになる。このように考えれば、当面の高額所得層に限定された見直しは、給与所得控除の「勤務費用の概算控除」部分の大幅な（2分の1以下への）削減につながる可能性がある。

　しかも、これまでの税制調査会の検討の流れからいえば、そもそも給与所得控除の根拠が「勤務費用の概算控除」に一元化される方向にあるわけで、こうなればそれが「各々2分の1」の一端を担うにすぎない以上、給与所得控除は半減されることになる。こうして、給与所得控除の性格についての原理的見直しによって給与所得控除は半減され、しかもこの「勤務費用の概算経費」としての給与所得控除が実際の勤務費用とされる支出を根拠に2分の1以下へと圧縮されることになる。「平成23年度税制改正大綱」が提案する給与所得控除の見直しは、当面は高額所得層に対する増税措置であるが、早晩、一般サラリーマンにとっても給与所得控除圧縮による増税として影響を及ぼす可能性が高い。

Ⅳ
所得税改革と福祉国家原理

　以上で見たように今や各種控除は「見直し」という名の下に「圧縮」される方向にある。その中でも最も影響が大きいのが給与所得控除である。仮に給与所得控除が現行水準の4分の1以下にまで圧縮されるとすれば、給与所得者の課税最低限が生活保護基準以下になることは必定である。しかし、給与所得控除の本質が「勤務費用の概算控除」であるとするなら、これは所得ではなく経費なのであるから、これが生計費に充当されるはずはない。本来生計費非課税とは無縁のはずの給与所得控除がこの機能を担わざるを得なかったのは、生計費非課税を実現する土台であるべき基礎控除が過少だからである。にもかかわらず各種控除の「見直し」が盛んな中で、基礎控除の周辺だけは奇妙にも無風状態である。

　各種控除の圧縮が進み、生計費非課税の原則との矛盾が顕在化するとき、基礎控除の役割が改めて注目され、その大幅な増額が日程に上らざるをえない。巨額の財源不足に対応するため、個人所得税の増税が不可避となった今日、課税ベース拡大の要請の下、各種控除の見直しが進められている。その結果、それぞれの根拠を有する控除の原理的再検討とそれに基づく適正な水準の決定が必要になった。今日の段階における日本的福祉国家の維持・発展のためには個人所得課税の強化を避けることはできないが、同時にその増税のあり方においても福祉国家原理との整合性が問われているのである。

【3章1節参考文献】

石弘光（2008a）『現代税制改革史—終戦からバブル崩壊まで』東洋経済新報社

—（2008b）『税制改革の渦中にあって』岩波書店

岡本英男（2007）『福祉国家の可能性』東京大学出版会

加藤榮一（1973）『ワイマル体制の経済構造』東京大学出版会

—（2006）『現代資本主義と福祉国家』ミネルヴァ書房

—（2007）『福祉国家システム』ミネルヴァ書房

林健久（1992）『福祉国家の財政学』有斐閣

—（2009）「福祉国家財政論」、日本財政学会（編）（2009）『少子高齢化社会の財政システム』有斐閣、所収

中村良広（2005）「個人所得課税の『グランドデザイン』—政府税調『個人所得課税に関する論点整理』によせて—」『自治総研』2005年12月号

—（2007）「個人所得課税の課題と改革方向」、『税制改革に向けて—公平で税収調達力が高い税制をめざして—』生活経済政策研究所、所収

町田俊彦（2007）「税制改革の課題と方向性」、『税制改革に向けて—公平で税収調達力が高い税制をめざして—』生活経済政策研究所、所収

持田信樹（2009）『財政学』東京大学出版会

エスピン・アンデルセン［岡沢憲芙・宮本太郎訳］（2001）『福祉資本主義の三つの世界』ミネルヴァ書房

Gilbert, N.（2004）Transformation of the Welfare State : The Silent Surrender of Public Responsibility, Oxford University Press.

OECD（2010）Revenue Statistics 1965-2009, OECD.

【3章2節参考文献】

金子宏（1996）『課税単位及び譲渡所得の研究』有斐閣

黒川功（1996）「戦後家族における身分関係の変化と『合算課税制度』」『日本法学』60巻4号

植田　卓（1998）「家族労働の評価と課税単位」『税理』31巻4号
田中　治（1998）「課税単位の見直しの論点と課題」『税経通信』1998年8月号
林　宏昭（2001）「所得税の課税単位に関する論点と国際比較」『国際税制研究』No.6
藤田　晴（1992）『所得税の基礎理論』中央経済社
村井　正（1996）「課税単位論」、金子宏編『所得課税の理論と課題』税務経理協会

【第3章3節参考文献】

大蔵省財政金融研究所編（1996）『財政金融統計月報』1996年4月号
経済企画庁経済研究所国民経済計算部（1997）『あなたの家事の値段はおいくらですか？　無償労働の貨幣的評価についての報告』大蔵省印刷局
厚生労働省社会・援護局保護課（2008）「生活扶助基準の検証関係参考資料」
佐藤英明（2003）「配偶者控除および配偶者特別控除の検討」『所得控除の研究（日税研論集第52号）』日本税務研究センター、所収
臨時税制調査会（1956）「臨時税制調査会答申」
税制調査会（1960）『当面実施すべき税制改正に関する答申（税制調査会第一次答申）及びその審議の内容と経過』
──（2005）「個人所得課税に関する論点整理」
──（2006）「資料（個人所得課税）」（平18.5.12、総44-1、基礎小53-1）
──（2009）「資料（個人所得課税）」（平成21年度第19回税制調査会）
──（2010a）「資料（個人所得課税）」（平成22年度第2回専門家委員会）
──（2010b）「資料（個人所得課税の国際比較）」（平成22年度第2回専門家委員会）
──（2010c）「個人所得課税（所得税）」（平成22年度第17回税制調査

会）
―（2010d）「参考資料」（平成22年度第17回税制調査会）
―（2010e）「平成23年度税制改正大綱」
全国婦人税理士連盟編（1994）『配偶者控除なんかいらない!?』日本評論社
武田隆夫（1950）「国民生活と租税負担―『基礎控除』の問題―」『経済評論』1950年9月
田中康男（2005）「所得控除の今日的意義―人的控除のあり方を中心として―」『税務大学校論叢』第48号
樋口美雄・西崎文平・川崎暁・辻健彦「配偶者控除・配偶者特別控除制度に関する一考察」（景気判断・政策分析ディスカッション・ペーパー DP/01-4）、内閣府政策統括官（経済財政―景気判断・政策分析担当）
藤田晴（1992）『所得税の基礎理論』中央経済社
三木義一（1994）「課税最低限―法的側面からの問題提起―」、日本租税理論学会編『課税最低限』谷沢書房、所収
Claudia Scott (ed.) (1993), Women and Taxation, Institute of Policy Studies, Victoria University of Wellington, Wellington 1993. 古郡鞆子編訳（1999）『女性と税制』東洋経済新報社
Shoup Mission (1949), Report on Japanese Taxation. 福田幸弘監修（1985）『シャウプの税制勧告』霞出版社

第4章
グローバル経済下の法人税制
―日本の法人税とEUにおける法人税のパラドックス

関口　智

I
はじめに

　2010年における2011年度税制改正の論議では、国際競争力の観点から法定実効税率の引き下げを求める経済界や経済産業省と、課税ベースの拡大等によって代替財源の提示を求める財務省との間で様々な折衝が行われ、結局、法定実効税率の5％の引き下げで決着した[1]。戦後法人税制をみる限り、税率引き下げ要求とそれに呼応する形での税率引き下げという決着は、今回が初めてのものではない。

　戦後の法人税制の改正を税率と課税ベース等に区別して確認すれば、法人税率の引き下げの時期は、主として高度経済成長期と1980年代後半から現在までという2つの山がある[2]。高度経済成長期の法人税率引き下げは、主として所得税の大規模な減税に呼応する形で行われたものであったことからすれば、日本の法人企業のグローバル化に伴う国際競争力確保の観点が強く主張される形で、法人税率の引き下げが実現してゆくのは、1980年代後半以降であるといってよいであろう。

　ただし、1980年代後半以降の法人税率引き下げプロセスでは、形式的には「税率引き下げと課税ベースの拡大」を掲げつつも、実質的には法人税の減税が行われるというスタイルが恒常化しつつあった。2011年度税制改正プロセスが異なるのは、「税率引き下げと課税ベースの拡大」のセットを拒否し、税率引き下げを求める形で、つまり、形式的にも実質的にも法人税そのものの軽減が強く求めら

---

[1] 2011年11月30日に参議院本会議で復興増税案が可決された。法人税は実効税率5％引き下げを実施するが、2012年4月からの3年間は、その減税の範囲内で増税を行うという内容になった。
[2] 関口智（2011）

れた点にある。

　このような要求の背景には、法人課税の国際比較を行うと、①日本の法定実効税率が国際的に高いこと、②日本の租税・社会保障負担の対国民所得比（国民負担率）やGDP比率が国際的には低いにもかかわらず、法人課税の対国民所得比や対GDP比は国際的にも高いこと、さらに、③OECD諸国において、法定法人税率のほぼ一貫した引き下げにもかかわらず、2000年代の法人税収の対GDP比がむしろ上昇している現象（「法人税のパラドックス」）が指摘されていた等の背景があったといえるであろう。

　本稿では、法人税の負担引き下げの必要性を主張する際に根拠の一つとなっていた国際比較による各国の法人税の状況に着目し、そのような状況が生じた諸要因を明らかにしてみたい。

II
法人の負担に関する議論と測定方法

1 法人の負担とは

　法人企業に対する課税を議論する際に厄介な問題がある。法人の負担とは何かという問題である。この点に関し、そもそも「法人自体の負担はない」との指摘すらある。法人税が、最終的には家計部門に転嫁・帰着するとの想定からである。

　しかし、その経路は、最終的に株主が全額負担するととらえるのか、製品・サービス価格への転嫁を通じて最終的に消費者が負担するととらえるのか、賃金への転嫁を通じて最終的に労働者が負担するととらえるのか、あるいはそれぞれに転嫁・帰着するととらえるのか等について論争が絶えない、ということもよく知られている。特に、近年のグローバル化は、転嫁・帰着の問題をより一層複雑にしている。開放経済下での法人所得税の転嫁・帰着に関する理論的帰結では、長期的には労働者の負担になるとの指摘も多いからである[3]。

　たとえば、従来の配当所得に対する法人税と所得税との二重課税という議論においては、法人税の負担が株主に転嫁・帰着することを前提に、二重課税の調整を個人投資家の段階で行う議論をしてきたといってよい。しかし、開放経済下において法人税が労働者に帰着しやすく、株主に帰着しにくいとすれば、配当への二重課税を軽減するという二重課税調整論とは全く逆の前提となり、その場合に

---

[3] 問題はこれらの分析枠組みの中で採用する長期という時間軸に不確実性が伴う点にあるように思われる。

はむしろ労働者の負担の軽減を議論すべきことになる[4]。

本稿では、法人税の議論の際には、最終的負担、法的債務、納付義務との3つを区別する必要があるとする指摘[5]を意識した上で、ひとまず法人の負担を「法人企業からの強制的な資金流出」とし、特に法人所得に対する課税、すなわち法人所得税に着目した議論を行う[6]。

2 法人税の負担に関する測定方法

法人所得税の負担に関する測定手法は、大きく分けて2つのアプローチがある。実効税率によるアプローチと対GDP比率（又は国民所得比率）によるアプローチである。

まず、実効税率によるアプローチでは、法定税率なのか、実効平均税率なのか、実効限界税率なのかを区別することが租税論の領域では一般的で、マーリーズ・レビューでは、さらに事前の税率と事後の税率に区分している。しかし、法人税の負担に関する一般的な論調では、これらの概念を明確に区分しているとは言い難い。

また通常、租税論の規範的議論では、法定税率は金融取引を通じた国際的な資本移動に影響し、平均税率は投資の意思決定に影響し、限界税率は投資額（投資水準）の意思決定に影響するといわれる[7]。しかし、平均税率や限界税率は、税率の算定方法には論者によってばらつきがある。さらに、法定実効税率による議論では、課税ベースを無視した議論になってしまう。このように考えると、税率の議論には、議論に決定打がない。

これに対して、法人所得税のGDP比率（又は国民所得比率）に

---

4) 確かに株主と労働者は分離しておらず同一の個人であるとの主張がある。しかし、現実には株主としての立場と、労働者としての立場が必ずしも同一になっていないことが多い点に配慮が必要である。
5) Slemrod（2007）
6) このような定義に基づけば、消費税や雇用主拠出の社会保険料等も同じ土俵で整理することができる。
7) Auerbach, Devereux and Simpson（2008）

よるアプローチでは、主として国民経済計算（SNA）の数値をもとに算定する。そのため、国際比較を行う際にブレが生じにくい。例えば、「法人税収のパラドックス」の議論で利用される法人所得税収の対GDP比では、分母はGDP（国内総生産）をとり、分子に法人所得税をとっている[8]。ただし、対GDP比の場合も、分子の法人所得税収は、①国民経済計算の数値をそのまま利用すると、法人事業税のような損金算入項目は法人所得税とカウントされておらず、さらに②法人所得税収は国内納付額であるため、法人企業の全世界での納付額を表しているものではない等の限界がある[9]。以上のように、法人税の負担に関しては、様々な指標や見解があるが、それぞれに限界があり、決定打に欠く。本稿では、比較的議論のばらつきのない法人所得税収の対GDP比に焦点を絞って議論をおこなう。

3　法人税収のGDP比率の国際比較

　図表4-1は各国の法人所得税の対GDP比の推移を示しているが、ここでは2つの特徴を指摘しておこう。第一の特徴は、日本の法人所得税の対GDP比が、相対的に一貫して高いことである。バブル崩壊後の1990年代以降は減少しているが、この傾向は相対的に維持されてきたといえるであろう。

　第二の特徴は、ここに掲げたEU諸国では、2000年代中盤において、法定実効税率の引き下げ傾向にもかかわらず、法人税収の対GDP比はむしろ増加している（「法人税のパラドックス」）。

　次節以降はこれらの点を、具体的には第3節では日本の法人税の

---

8) 分子に国内総生産を採用すれば、間接税や固定資産減耗の多寡で比率が変動するのを避けることができる。なお、財務省の国際比較では国民所得比であるが、間接税を控除する点で、間接税の割合の少ない国の比率が低く出る傾向が、固定資産減耗の多い国の比率が大きく出る傾向がある。
9) 会計利益を用いた負担率の算定手法もあるが、これも複数の概念がある。例えば、分子で会計上の税効果を考慮した上での税額とする場合や、分母に会計上の利益をとる場合でも連結利益の場合や単体利益の場合等である。

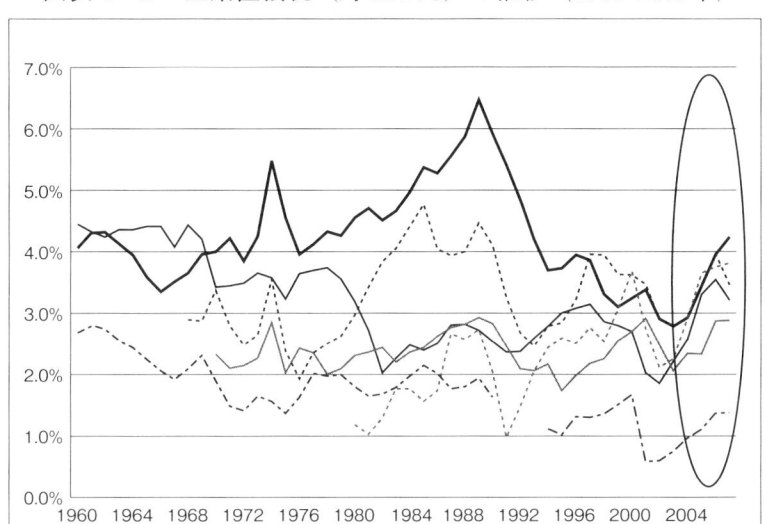

図表 4-1　企業直接税（対GDP比）の推移（1960-2007年）

注1：1960-1995: 68SNA、1995-2006: 93SNAを利用している。
注2：日本の1995年、アメリカの1995～1998年は 68SNA による。
（出所）OECD, National Accounts（OECD Library）より作成。（2011年1月21日参照）

対GDP比の高さの要因を、第4節では、EU諸国で生じた「法人税のパラドックス」の要因について考えてみたい。

III 日本の法人税収の対GDP比

1 日本の法人税の対GDP比の高さの要因

1-1 法人税の対象範囲の広さ

　日本の法人所得税の対GDP比が高い要因として、第一に法人税の対象範囲の広さを挙げることができる。日本では、個人所得税の対象となる企業が少ない。これは企業組織が法人である限り、法人税の対象となる企業が多いからである。このことが、日本の法人所得税の税収を相対的に大きくしている側面がある[10]。

　これに対して、例えばドイツでは、日本では法人税の対象となる人的会社（合名・合資会社）が、個人所得税の対象となっている。つまり、法人税の対象となるのは、物的会社（株式会社と有限会社）のみである。そのため図表4-2にあるように、ドイツの法人所得税の対GDP比は0.98％と非常に低い。

　しかし、個人所得税の対象となっているドイツの人的会社の税収を、日本と同様に法人税へと組み替えると、ドイツの法人所得税の対GDP比は組替前の0.98％から組替後の3.43％へと約3倍になる。同時期の日本の国税法人税収の対GDP比2.30％、アメリカの連邦法人税収の対GDP比1.60％と比較しても、遜色のない値である[11]。近

---

[10] 租税負担軽減を一つの誘因として説明される「法人なり」が指摘されるが、本稿では法人税を納付している企業に着目している。
[11] アメリカの場合、S法人が連邦個人所得税の対象となっているので、これを連邦法人税へ組み替えると、連邦法人税の対GDP比は1.6％よりも高くなる。

図表4-2　ドイツの連邦企業課税（10億ユーロ）

	ドイツ（2004年）				参考（注2）	
	組替前		組替後（注1）		日本	アメリカ
		GDP比		GDP比	GDP比	GDP比
連邦法人税	21.7	0.98%	75.8	3.43%	2.30%	1.60%
連邦所得税	166.7	7.54%	112.6	5.09%	2.94%	6.85%
合計	188.4	8.52%	188.4	8.52%	5.24%	8.45%

注1：ドイツは人的会社への課税を法人税に組み替えた場合
注2：日本は国税（2004年）、アメリカは連邦税（2004年）
（出所）DIW Berlin［2007］p.59, Table 1 より作成。

年の法人形態の多様化は、このような租税法上の取り扱いの相違を一層生み出しており、さらに法人所得税の比較を困難にしている[12]。

1-2　海外進出度の相対的低さ

　日本の法人所得税の対GDP比が高い第二の要因は、日本の法人企業が子会社や支店形態での外国進出度合いが相対的に低いことにある。この点に関し、図表4-3の外国税額控除の比率を用いて確認してみよう。

　日本の外国税額控除は、外国所得に対する国際的な二重課税の排除を目的に1953年に導入された[13]。ここで記載している外国税額控除のデータは、算出法人税額に対する外国税額控除の比率である。算出法人税額とは法人税の課税所得に法人税率を適用したもので、税額控除前の法人税額である。したがってここで示す外国税額控除比率とは、法人企業の全世界所得に対する法人税総額のうち、外国政府に納付された比率を示している[14]。

---

12) Slemrod（2007）は、法人組織の多様化を指摘し、マーリーズレビュー（2011）では、法人と非法人の境界の不明確化を意識した議論をしている。
13) 海外現地法人の内部留保の増加を一つに理由にして、2009年度（平成21年度）税制改正において海外子会社からの受取配当の益金不算入制度が導入された。しかし、内部留保額の増加自体が税制の影響なのか、企業戦略上のものなのか、詳細な検討がなされたとは言い難い印象を受ける。アメリカでの議論を意識していることはうかがい知ることができるが、事実がきわめて誇張された可能性もあるように思われる。

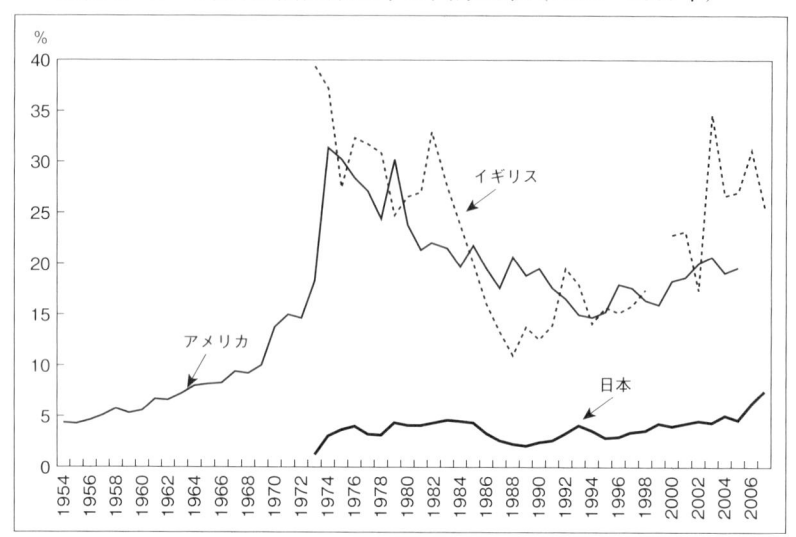

図表4-3　外国税額控除比率の国際比較（1952～2007年）

注1：外国税額控除比率＝外国税額控除／算定法人税額×100
注2：日本は1973年以前のデータなし。
注3：イギリスは1970年以前のデータなし。1988年以降が単独の数値。
（出所）日本：『税務統計から見た法人企業の実態』
　　　　イギリス：Inland Revenue Statistics
　　　　アメリカ：Statistics of Income: Corporation Income Tax Retuns

　一見して、日本の外国税額控除比率が平均的に5％以下と低い比率であるのに対し、アメリカやイギリスは高いときには30％前後、最近でも15％前後と少なくとも日本よりも高い比率であることが分かる。このことは、日本企業は相対的に外国政府に法人税を納付する割合が少なく、結果として本国親会社の立地する日本に納付する割合が高いことを示している[15]。言い換えれば、日本企業の海外進出が進めば、法人税収の対GDP比は減少することを意味している。

---

14) 日本への納付という観点からは、外国税額控除以外の税額控除や外国税額控除を利用した租税回避にも留意する必要がある。
15) ただし、Slemrod（2007）は、法人組織の多様化を指摘し、マーリーズレビュー（2011）では、法人と非法人の境界の不明確化を意識した議論をしている。また、ここでの外国税額控除の額は、海外直接投資・間接投資といった投資形態や、現地法人の所得の還流の有無と

図表4-4　全法人部門：法人所得（対GDP比）の推移（1960～2007年）

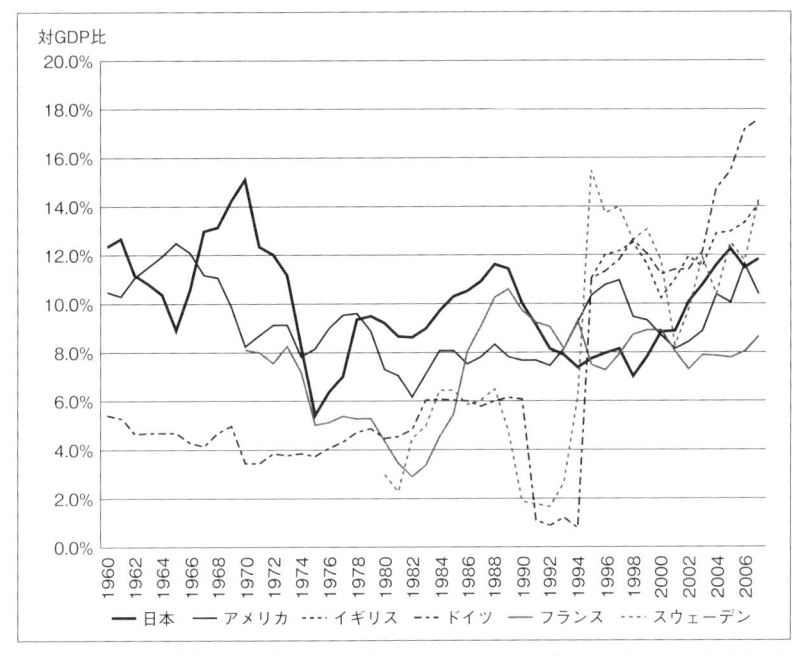

注1：法人所得＝純営業余剰＋財産所得（受取）−財産所得（支払）＋配当（支払）−配当（受取）
注2：1960-1995: 68SNA, 1995-2006: 93SNAを利用している。
注3：日本の1995年、アメリカの1995～1998年は68SNAによる。
（出所）OECD, National Accountsより作成。

1-3　法人部門の所得の大きさ

　日本の法人所得税の対GDP比が高い第三の要因は、法人部門の生み出す所得が相対的に大きいことが挙げられる。

　図表4-4にあるように、戦後日本の法人企業の特徴は、法人部

いった所得移転方式が無視されていること、日本の税務統計には1973年以降のデータしかないこと、イギリスについても1970年以前のデータが不足していること等の制約があることには留意する必要がある。しかし、それでも日本の外国税額控除比率が相対的に低いという結論には変わりがないであろう。

門で生み出す所得の割合が一貫して高いことにある。このことは、日本は一国全体で生み出す所得に占める法人部門の所得が大きく、それが、法人税収の対GDP比を大きくしている側面があることを示している[16]。

　ただ、1990年代を境に日本の相対的優位性が少なくなり、2000年代にはEU諸国の法人所得も増加している。この2000年代の現象が、次節で確認する「法人税のパラドックス」の一要因でもある。

---

[16] 後に、受取配当を法人所得に算入した法人所得で議論するが、ここでは、二重計算をする前、つまり受取配当を法人所得に算入する前の法人所得で議論している。

Ⅳ
EU諸国で2000年代に法人税のGDP比率が高まったのはなぜか？

1　法人税のパラドックス

　先の図表4-1で確認したように、法人税のパラドックスとは、2000年代のEU諸国において、法定実効税率の引き下げ傾向にもかかわらず、法人税収の対GDP比はむしろ増加している現象を指している。OECD（2007）は、「法人税のパラドックス」の要因について、税率引き下げによって、①課税ベースが拡大したこと、②租税回避の誘因が減少したこと、③法人部門の規模が拡大した（事業体の法人化への誘因を高めた）こと、④法人収益率が増加したこととして、複数の要因を挙げて整理している[17]。

　これに対して、EUの「法人税のパラドックス」に関する日本の議論では、どちらかというと、法定税率引き下げに伴う「課税ベースの拡大措置」と「法人部門の活性化」というが強調され、それらの点が独り歩きしてきた傾向がある。しかし、EUでの法人税率引き下げと課税ベースの拡大による法人税収の増収効果は、ドイツでは改正前の6分の5、イギリスでは改正前とほぼ同じ（税収中立）という程度であり、法人税のパラドックスの言う、法人税収の増加にまでは至っていない[18]。むしろ、OECD（2007）以降のPiotorwska, J and W. Vaborren（2008）やDe Mooij, R. A. and G. Nicodeme

---
17) OECD (2007) pp. 33-37.
18) 政府税制調査会専門家委員会資料

(2008) といったEU諸国の研究にもあるように、法人部門の拡大、個人所得から法人所得への所得の転換といった別の要因が法人税収の増加要因として指摘されている。

そこで本節では、日本での意識が比較的乏しい法人所得そのものを意識し、EU各国の全法人部門の所得の動向や非金融法人・金融法人といった法人部門別の所得の動向について、検討してみたい。

2 全法人部門の動向

2-1 国民経済計算の限界と法人所得の動向（対GDP比）

各国の法人税を意識して法人所得の動向を比較する場合には、本来であれば、同一の企業組織について、同一の基準によって法人所得（経済的所得）を算定し、それを比較することが望ましい。しかし、各国の税務統計データを用いて、そのような形で条件をそろえることは非常に難しい。そこで、本稿では、比較的統一的に把握することができる国民経済計算（National Accounts）における法人部門の数値を利用して国際比較を行う[19]。

そもそも国民経済計算によって法人所得を算出するとしても、法人所得をどのように算定するかで、大きく2つの考え方がある。一つは、一国全体の法人部門の生み出す所得を算定する場合である。この場合、国民所得全体からみると法人所得の二重計算になる法人の受取配当は考慮しないことになる（図表4-4）。もう一つの考え方は、株価形成への影響や企業会計上の利益との類似性の観点から、法人の受取配当も含めたものを法人所得とする考え方である（図表4-5）。

本稿ではこれ以降、株価形式への影響や企業会計上の利益との類

---

[19] ただし、法人所得が赤字法人を含んだ純所得である点に難点がある。

図表4-5　全法人部門：法人所得（対GDP比）の推移（1960〜2007年）

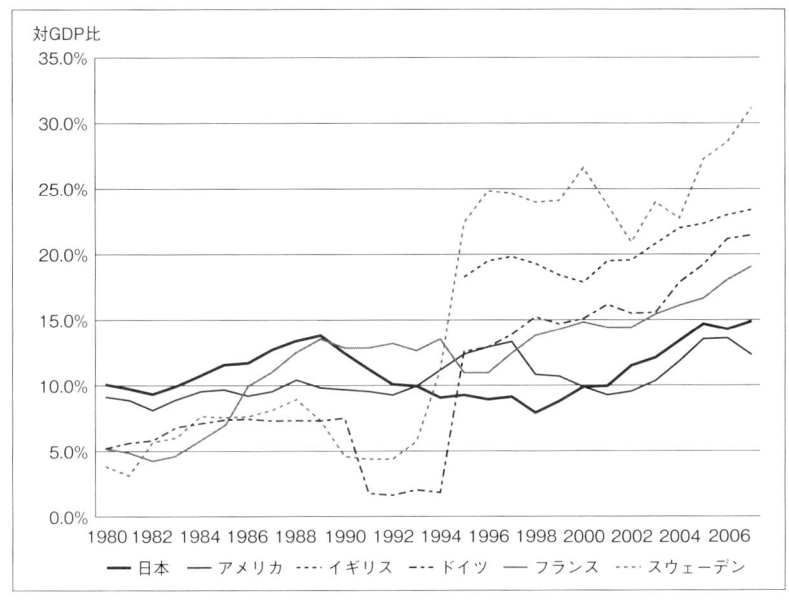

注1：法人所得＝純営業余剰＋財産所得（受取）−財産所得（支払）＋配当（支払）
注2：1960-1995: 68SNA, 1995-2006: 93SNAを利用している。
注3：日本の1995年、アメリカの1995〜1998年は68SNAによる。
（出所）OECD, National Accountsより作成。

似性の観点を意識して、「法人所得＝内部保留（法人貯蓄）＋配当支払＋配当受取」という形で、法人からの受取配当を考慮した後の所得を法人所得とする[20]。そのように定義した上で図表4-5と図表4-4を比較すると、図表4-5では図表4-4よりも鮮明に、1990年代後半以降のEU諸国での法人所得（対GDP比）が増加していることもわかる。

---

20) 国民経済計算ではキャピタルゲインが把握されない点、法人部門内法人部門内部の取引相殺を行っていないため、法人企業間での配当がダブルカウントされてしまう等の難点がある。

図表 4-6　雇用者報酬と支払配当の対GDP比（1980-1989年）

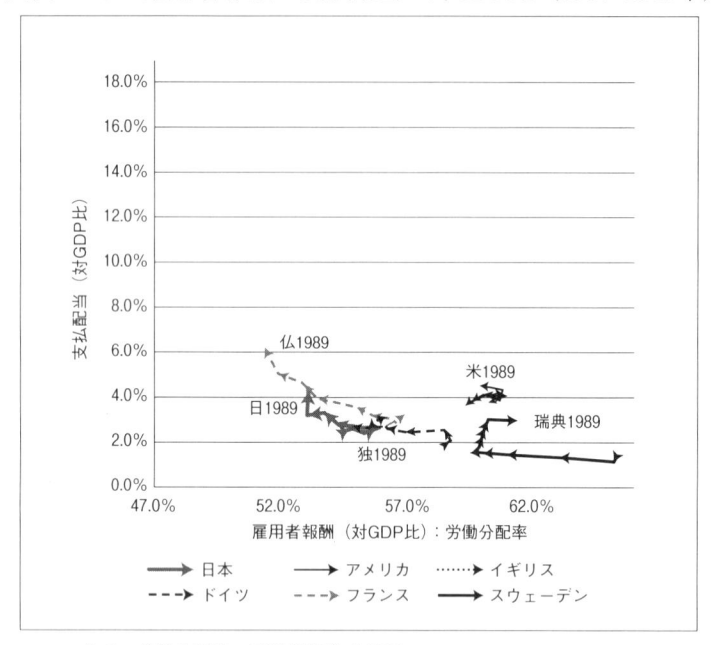

注1：労働分配率＝雇用者報酬／GDP
注2：1960-1995: 68SNA、1995-2006: 93SNAを利用している。
注3：日本の1995年、アメリカの1995〜1998年は68SNAによる。
（出所）OECD, National Accountsより作成。

2-2　全法人部門の分配構造の動向（対GDP比）

　そこで、このような定義によって各国の法人所得を算定する際に大きな影響を与える、各国の支払人件費と支払配当の動向を確認してみよう。

　図表4-6は1980年代の法人部門の支払配当（縦軸）と雇用者報酬（横軸。ただし非法人部門含む。以下同じ）の対GDP比の動向を、図表4-7は2000年代の法人部門の支払配当（縦軸）と雇用者報酬（横軸）の対GDP比の動向を示している。

142

図表4-7　雇用者報酬と支払配当の対GDP比（2000-2006年）

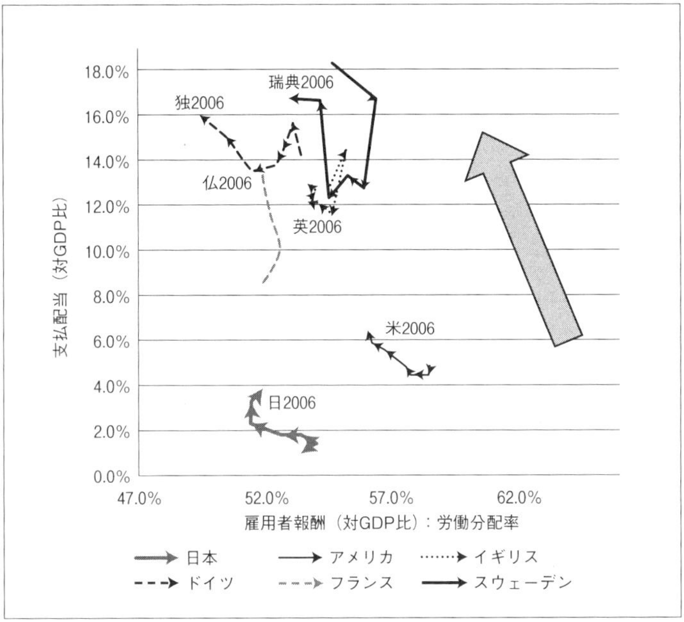

注1：労働分配率＝雇用者報酬／GDP
注2：1960-1995: 68SNA、1995-2006: 93SNAを利用している。
注3：日本の1995年、アメリカの1995〜1998年は68SNAによる。
（出所）OECD, National Accountsより作成。

　1980年代と2000年代を比較すると、EU諸国では、斜めの方向にシフトしている傾向が確認できる。つまり、EU諸国の全法人部門では、支払配当が増加している一方で、雇用者報酬が減少していることを示している。もう少し詳細に確認してみよう。

2-3　全法人部門の支払配当（対GDP比）の増加

2-3-1）配当を受け取る経済主体

　図表4-8は1980年代の法人部門の支払配当（縦軸）と受取配当（横軸）の対GDP比の動向を、図表4-9は2000年代の法人部門の

図表4-8　全法人部門：配当受払の対GDP比（1980-1989年）

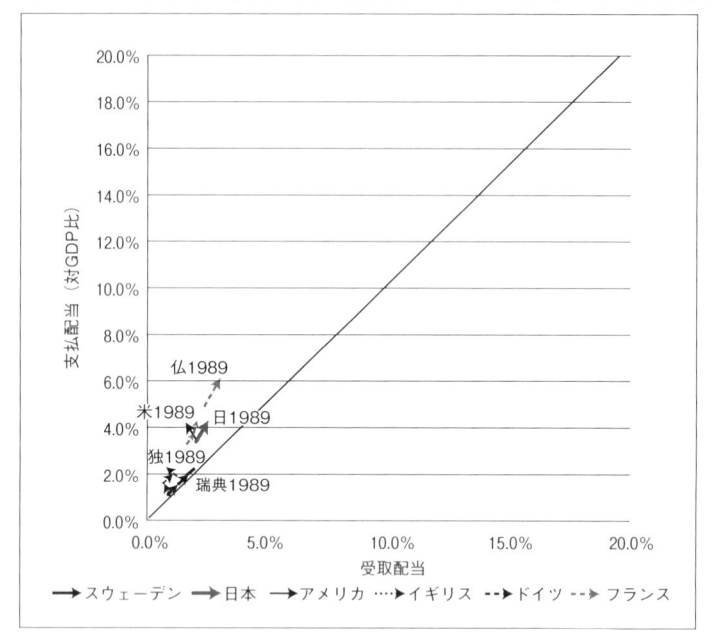

注1：1960-1995: 68SNA、1995-2006: 93SNAを利用している。
注2：日本の1995年、アメリカの1995～1998年は68SNAによる。
（出所）OECD, National Accountsより作成。

支払配当（縦軸）と受取配当（横軸）の対GDP比の動向を示している。1980年代と2000年代を比較すると、斜め右上へのシフトが、つまり、法人部門では支払配当が増加していたのみならず、受取配当も増加していたことが確認できる。このことは、配当の支払と受取の両者が法人間で増加したことで、法人所得が増加した可能性があることを示唆している。

2-3-2）株式保有構造の動向

では、法人部門で配当の支払と受取の両者が増加した背景は何か。この点を分析する手がかりとして、各国の株式会社の保有構造を確認しておこう。

図表4-9　全法人部門：配当受払の対GDP比（2000-2007年）

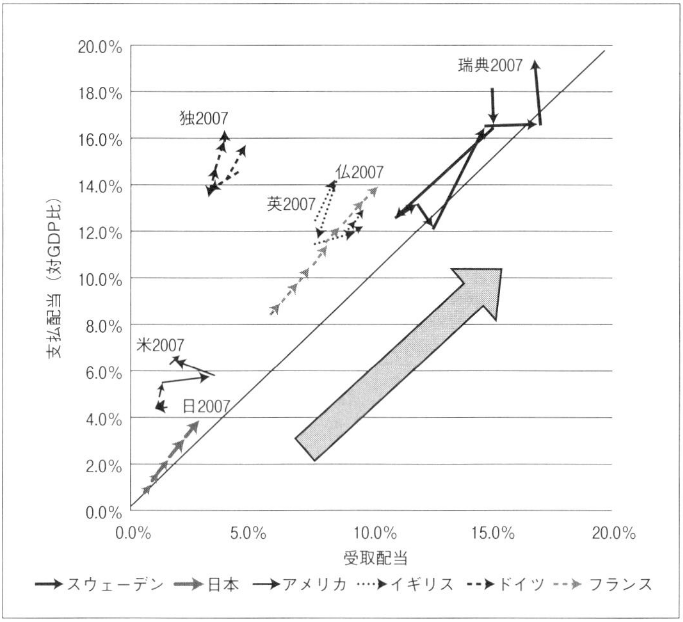

注1：1960-1995: 68SNA、1995-2006: 93SNAを利用している。
注2：日本の1995年、アメリカの1995～1998年は68SNAによる。
（出所）OECD, National Accountsより作成。

　図表4-10は1991年から2006年までの各国の株式委保有構造の変化を示している。株式会社に対する所有構造に限定されてはいるが、各国で共通している一般的傾向は、外国株主の増加である。多くの研究が示唆しているように、法人部門の受取配当の増加は、国内法人株式の保有に伴うもののみならず、海外株式の保有に伴うものが影響している可能性がある[21]。このことは、国内（国内株主）のみならず、国外（外国株主）にも配当が支払われていることを意味している。つまり、EU諸国では国内での法人間配当が増加しただけでなく、国際間の法人間配当が増加した可能性がある[22]。ここ

---

21) 直接投資（国外子会社設立）か単なる証券投資（ポートフォリオ投資）かわからない。

図表4-10　株式保有構造の国際比較

			1991	1996	2001	2006
日本		金融機関	46.3	42.3	36.9	25.1
		保険・年金	18.2	16.6	14.3	7.9
		投資会社				
		投資信託	3.2	2.0	2.7	3.9
		銀行	21.8	21.6	18.4	10.5
		その他	3.1	2.1	1.5	2.8
	事業法人		24.5	23.8	23.2	23.8
	個人		23.2	23.6	25.9	26.4
	外国		5.4	9.8	13.7	24.6
	政府		0.6	0.5	0.4	0.2
イギリス		金融機関	60.3	52.5	47.5	44.4
		保険・年金	52.1	45.7	36.1	27.4
		投資会社	2.3	2.5	8.8	12.0
		投資信託	5.7	4.2	1.3	1.6
		銀行	0.2	0.1	1.3	3.4
		その他				
	事業法人		5.7	3.1	2.0	2.7
	個人		19.9	16.5	14.8	12.8
	外国		12.8	28.0	35.7	40.0
	政府		1.3			0.1
ドイツ		金融機関	21.7	26.8	29.6	27.9
		保険・年金	4.9	6.3	4.9	4.2
		投資会社	4.2	7.1	13.2	12.9
		投資信託				
		銀行	12.6	13.4	11.5	10.8
		その他				
	事業法人		42.4	42.2	39.6	36.4
	個人		19.2	17.8	14.9	13.8
	外国		11.3	9.1	14.1	19.7
	政府		5.4	4.1	1.8	2.1
フランス		金融機関	n.a	27.6	30.4	29.0
		保険・年金	n.a	7.6	8.8	7.1
		投資会社	n.a			
		投資信託	n.a	11.3	12.6	12.7
		銀行	n.a	7.3	6.9	8.7
		その他	n.a	1.4	2.1	0.5
	事業法人		n.a	29.3	19.1	12.0
	個人		n.a	12.4	6.8	5.8
	外国		n.a	28.0	38.9	40.7
	政府		n.a	2.6	4.7	12.5
スウェーデン		金融機関	34.8	30.3	29.5	27.0
		保険・年金	14.6	13.6	11.6	8.1
		投資会社	10.4	6.5	6.1	5.2
		投資信託	8.6	8.6	9.8	11.2
		銀行	1.2	1.6	2.0	2.5
		その他				
	事業法人		22.5	10.8	10.1	9.0
	個人		21.0	19.1	16.6	17.0
	外国		12.3	31.6	34.6	37.2
	政府		9.6	8.3	9.3	7.8

(注) イギリスは1996年ではなく1997年。
(出所) Federation of European Securities Exchanges (2008) Annex等より作成。

図表4-11　雇用者報酬と営業余剰の対GDP比（1980-1989年）

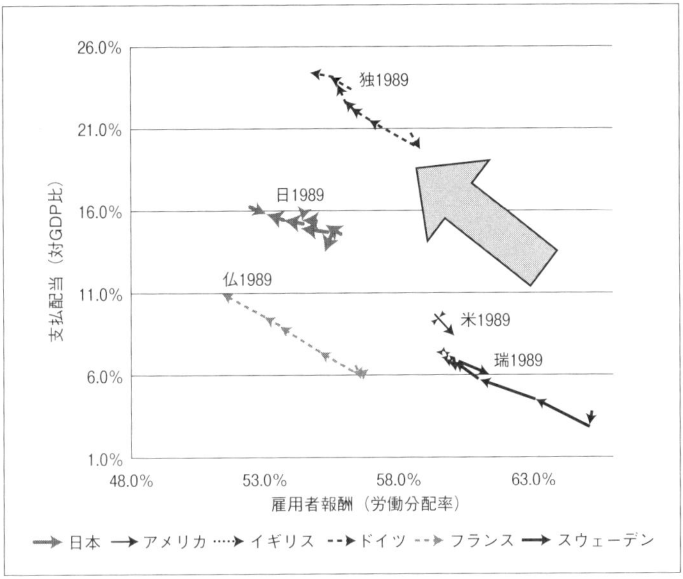

注1：労働分配率＝雇用者報酬／GDP
注2：1960-1995: 68SNA、1995-2006: 93SNAを利用している。
注3：日本の1995年、アメリカの1995～1998年は68SNAによる。
注4：雇用者報酬：1960～97年は家計部門、1998～2009年は家計・対家計民間非営利団体部門。
（出所）OECD, National Accountsより作成。

では、グローバル化した経済状況の下での法人所得税の議論では、ガバナンスの状況の差異にも配慮する必要があることを指摘するにとどめたい。

2—4　全法人部門の雇用者報酬（対GDP比）の低下

今度は雇用者報酬の推移について確認しておこう[23]。

22）ただし、外国株主には、外国の法人株主のみならず個人株主も含まれており、一概に法人間配当と言い切れるか検討する必要がある。また、外国株主は本国の国内税制のみならず、租税条約による規定をも考慮する必要がある点で、複雑である。

図表4-12　雇用者報酬と営業余剰の対GDP比（2000-2007年）

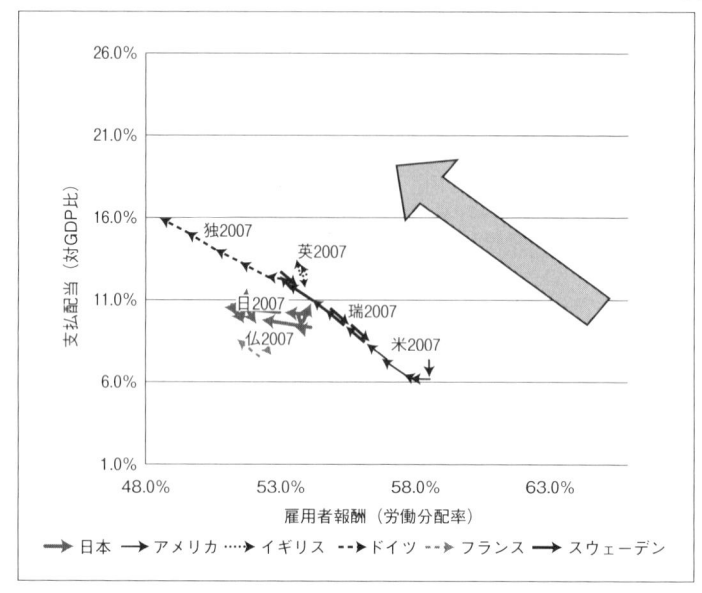

注1：労働分配率＝雇用者報酬／GDP
注2：1960-1995: 68SNA、1995-2006: 93SNAを利用している。
注3：日本の1995年、アメリカの1995～1998年は68SNAによる。
注4：雇用者報酬：1960～97年は家計部門、1998～2009年は家計・対家計民間非営利団体部門。
（出所）OECD, National Accountsより作成。

　図表4-11は1980年代の法人部門の営業余剰（縦軸）と雇用者報酬（横軸）対GDP比の動向を、図表4-12は2000年代の法人部門の営業余剰（縦軸）と雇用者報酬（横軸）対GDP比の動向を示している。1980年代と2000年代とを比較すると、両年代ともに斜め左上へのシフトが確認できるが、2000年代に入ると斜め左上へのシフトの幅が狭くなっていることがわかる。
　このようなシフトは、①両年代ともに時の経過とともに雇用者報

---

23) 国民経済計算（SNA）の雇用者報酬は、法人部門のみの算定が困難で、非法人部門の雇用者報酬も含まれている等の問題がある。そのため、雇用社報酬のGDP比率（労働分配率）の高低で、直接的に法人税の議論ができない限界がある。しかし、その限界に配慮しても、一定の傾向は確認できる。

図表4-13　部門別：法人所得（対GDP比）の推移（1980-1989年）

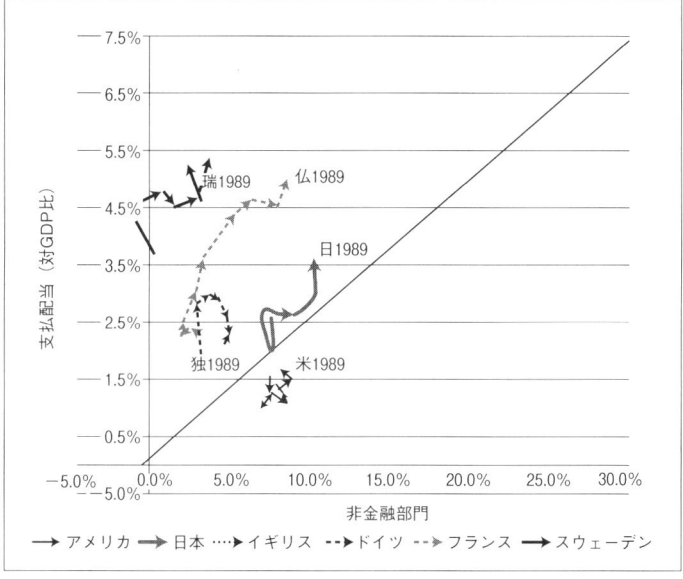

注1：法人所得＝純営業余剰＋財産所得（受取）－財産所得（支払）＋配当（支払）
注2：1960-1995：68SNA、1995-2006：93SNAを利用している。
注3：日本の1995年、アメリカの1995～1998年は68SNAによる。
（出所）OECD、National Accountsより作成。

酬を減少させる形で営業余剰（営業利益）を確保していたこと、②2000年代に入るとその関係が各国の間で収斂してきたことを示唆している。

3　法人部門内（部門別）の動向

3-1　部門別法人所得の動向（対GDP比）

これまで主として全法人部門の法人所得の動向について検証してきたが、さらにそれを金融法人部門と非金融法人部門という形で、

図表4-14　部門別：法人所得（対GDP比）の推移（2000-2007年）

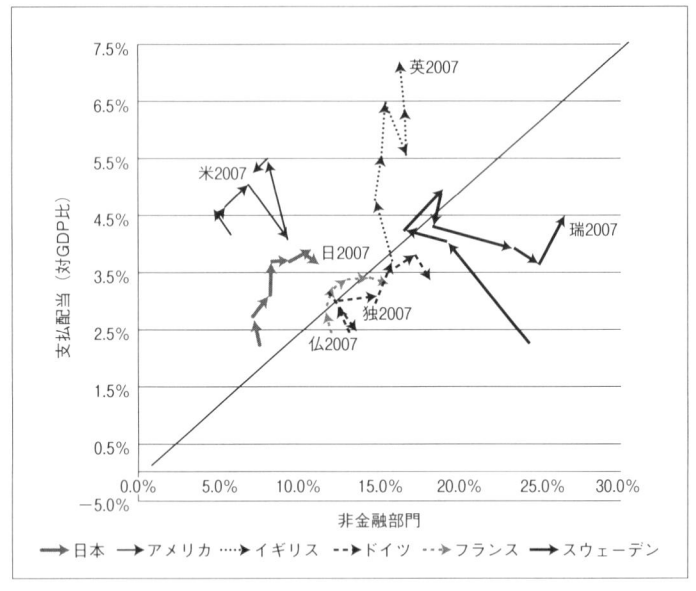

注1：法人所得＝純営業余剰＋財産所得（受取）－財産所得（支払）＋配当（支払）
注2：1960-1995：68SNA、1995-2006：93SNAを利用している。
注3：日本の1995年、アメリカの1995～1998年は68SNAによる。
（出所）OECD、National Accountsより作成。

部門別に分けて分析してみよう。

　図表4-13は1980年代の法人所得（対GDP比）の動向を、金融法人部門（縦軸）と非金融法人部門（横軸）の2部門に分割して示し、図表4-14は2000年代の法人所得（対GDP比）の動向を、金融法人部門（縦軸）と非金融法人部門（横軸）の2部門に分割して示している。

　1980年代と2000年代とを比較すると、1980年代から2000年代にかけて全般的に斜め右上へのシフトが確認できる。このことは、金融部門と非金融法人部門の両部門で、法人所得が増加していることを意味している[24]。

図表4-15　非金融部門：法人所得と法人税の対GDP比（1980-1989年）

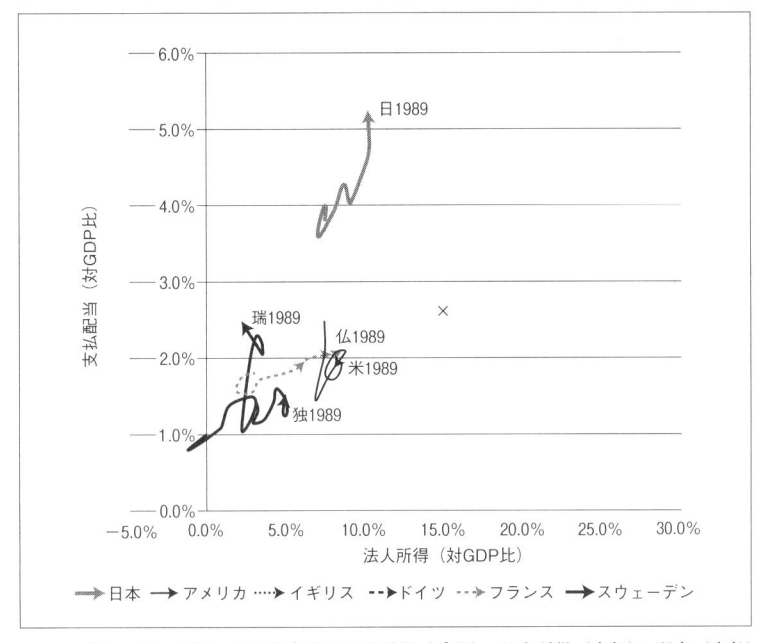

[図：縦軸 支払配当（対GDP比）0.0%〜6.0%、横軸 法人所得（対GDP比）-5.0%〜30.0%。日本、アメリカ、イギリス、ドイツ、フランス、スウェーデンの推移を示す。日1989が約5.0%付近、瑞1989、仏1989、独1989、米1989が1.0%〜2.0%付近]

注1：法人所得＝純営業余剰＋財産所得（受取）−財産所得（支払）＋配当（支払）
注2：1960-1995：68SNA、1995-2006：93SNAを利用している。
注3：日本の1995年、アメリカの1995〜1998年は68SNAによる。
（出所）OECD, National Accountsより作成。

非金融部門についてもう少し検証してみよう。

3-2　非金融部門の動向

　図表4-15は1980年代の金融法人部門の法人税額（縦軸）と法人所得（横軸）の対GDP比の動向を示し、図表4-16は2000年代の金融法人部門の法人税額（縦軸）と法人所得（横軸）の対GDP比の

24）国民経済計算ではキャピタルゲインを把握していないため、金融部門や非金融部門の法人所得という点では過小評価、特に金融部門での過小評価している点には留意する必要がある。

図表4-16　非金融部門：法人所得と法人税の対GDP比（2000-2007年）

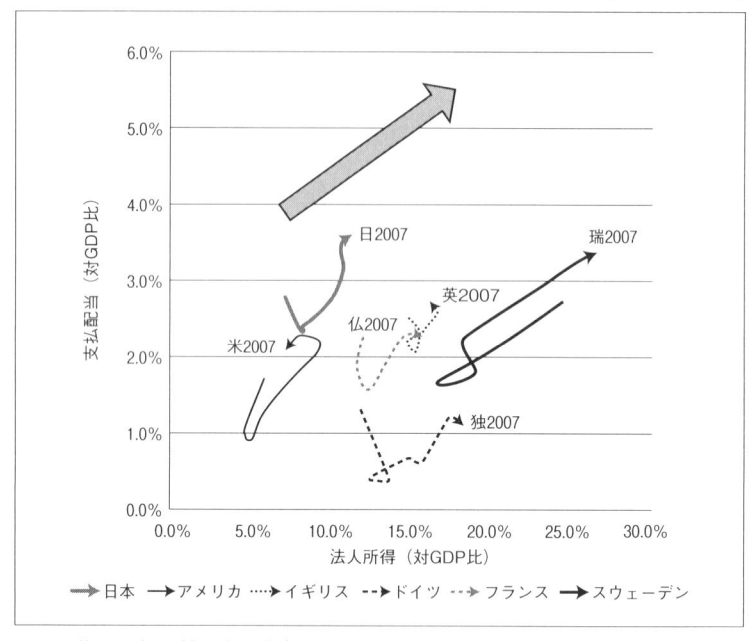

注1：法人所得＝純営業余剰＋財産所得（受取）－財産所得（支払）＋配当（支払）
注2：1960-1995: 68SNA、1995-2006: 93SNAを利用している。
注3：日本の1995年、アメリカの1995〜1998年は68SNAによる。
（出所）OECD, National Accountsより作成。

動向を示している。

　1980年代と2000年代とを比較すると、斜め右上へのシフトが確認できる。このことは、全法人部門での動向で確認したものと同じように、非金融部門においても法人所得の増加で法人税額が増加していることを示唆している。ここでは非金融部門における法人所得の増加の内容について、もう少し確認してみよう。

　図表4-17は1980年代の比金融法人部門の法人所得（縦軸）と純営業余剰（横軸）の対GDP比の動向を示し、図表4-18は2000年代の比金融法人部門の法人所得（縦軸）と純営業余剰（横軸）の対GDP比の動向を示している。1980年代と2000年代を比較すると、一

図表4-17　非金融部門：純営業余剰と法人所得の対GDP比
　　　　　（1980-1989年）

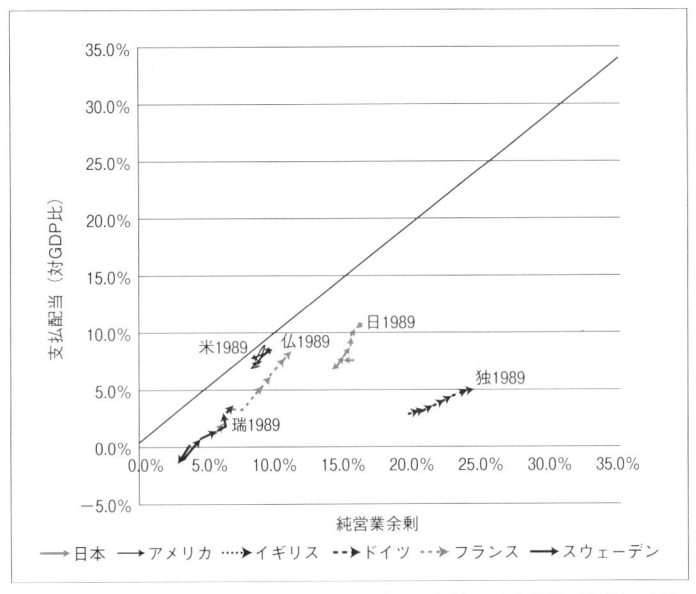

注1：法人所得＝純営業余剰＋財産所得（受取）－財産所得（支払）＋配当
　　（支払）
注2：1960-1995: 68SNA、1995-2006: 93SNAを利用している。
注3：日本の1995年、アメリカの1995～1998年は68SNAによる。
（出所）OECD、National Accountsより作成。

定の純営業余剰（横軸）の水準の下で、上方へのシフトが、つまり一定の営業利益の下で法人所得が増加していることが確認できる。

　このことは、非金融部門においても、全法人部門のような形で営業余剰を維持し、その一方で、法人所得を増加させていることを示唆している。特に、「法人税のパラドックス」の発生したEU諸国に焦点を当てて1980年代と2000年代の営業余剰と法人所得との関係を比較すると、2000年代において法人所得の比率が営業余剰の比率よりも高くなっている傾向にあることがわかる。このことは、EU諸国の非金融法人部門で法人所得を増加させている要因が、本業の利益（営業余剰）の増加というよりも、配当や利子といった副業的な

図表 4-18　非金融部門：純営業余剰と法人所得の対GDP比
　　　　　　（2000-2007年）

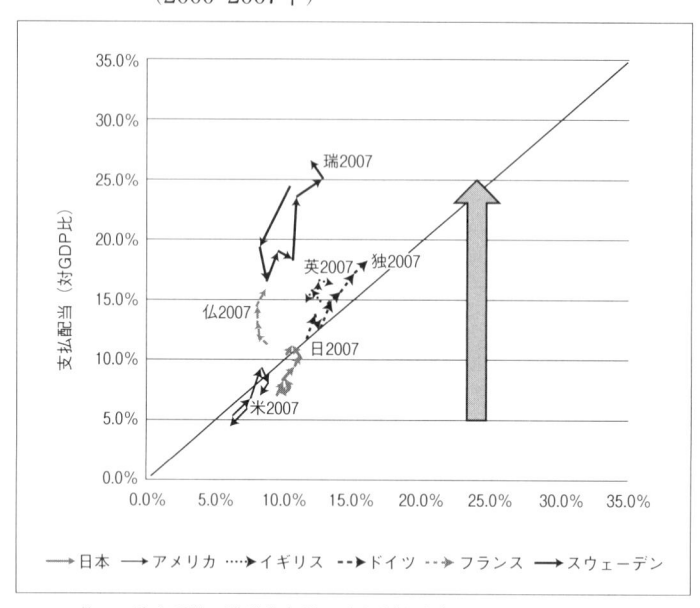

注1：法人所得＝純営業余剰＋財産所得（受取）−財産所得（支払）＋配当
　　（支払）
注2：1960-1995: 68SNA、1995-2006: 93SNAを利用している。
注3：日本の1995年、アメリカの1995〜1998年は68SNAによる。
（出所）OECD, National Accountsより作成。

金融所得の増加にある可能性を示唆している[25]。

---

25) 非金融法人部門での株式保有による受取配当は通常営業外収益のため、経常利益に影響を与える。

Ⅴ
バブル以降の日本企業に何が起きたのか？

　最後に、EU諸国で法人税のパラドックスが発生した時代を視野に入れながら、バブル以降の日本企業の状況について確認しておきたい。

1 法人部門の動向

　まず、図表4-19によってバブル経済以降の不況の中での経済主体の動きについて確認してみよう。周知のように、法人部門はバブル期からバブル後にかけて投資超過から貯蓄超過主体へと転換する一方で、家計部門はバブル後の賃金の伸び悩みや高齢化の進展等により、貯蓄率が低下していった。そのような中で一般政府部門の財政政策は、主として支出拡大と減税によって景気浮揚を図ったことから、一般政府部門は投資超過主体となってゆく。

　特に本章の着目する法人部門では、1990年代後半に投資超過主体から貯蓄超過主体となったことで、法人部門の内部留保の問題がクローズアップされたことは、記憶に新しい。

2 全法人部門の内部留保の国際比較

　しかし、図表4-20でみる限り、日本企業の法人部門の高い内部留保率は、多少の変動はあるものの1960年代から継続しているもので、1990年代後半以降に始まったわけではない。1990年代後半に法人部門の貯蓄超過主体がクローズアップされたのは、内部留保にいたるプロセスが、1990年代後半以降に変化したからである。端的に

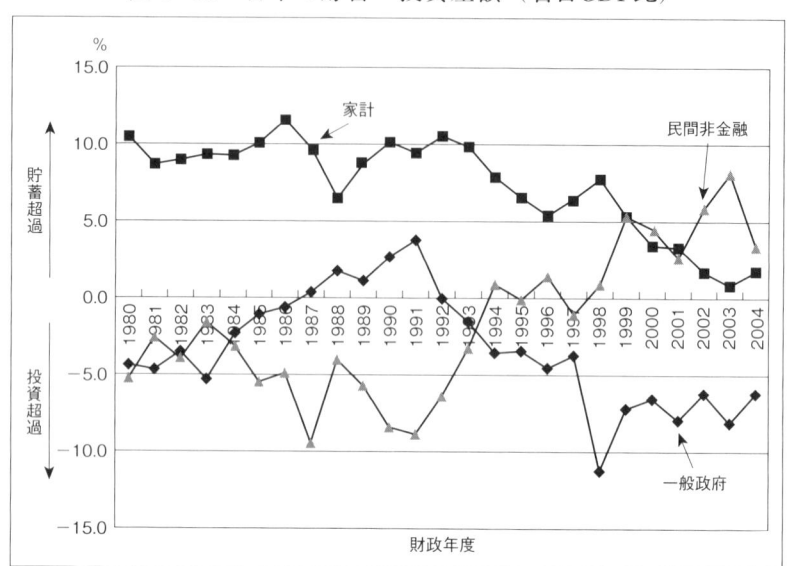

図4-19　日本の貯蓄・投資差額（名目GDP比）

(出所) 日本銀行『資金循環統計』より作成

言えば、日本企業による利害関係者への収益分配構造の変化である。この点について確認してみよう。

3　収益分配構造の変化

　図表4-21は、1980年代後半と2000年代初頭の日本企業の状況を比較している。一見して明らかなのは、①売上高の増加率が19％から2％へと17ポイント減少する中で、②役員報酬の増加率が14％からマイナス4％、従業員給与の増加率が11％からマイナス6％という形で、人件費を抑制していること、③他方で、支払配当の増加率は37％から84％へと増加させていること、④それによって、全体としては従来の売上高経常利益率を3％前後で維持していること、⑤以上の人件費の抑制と支払配当の増加の傾向は規模の大きな企業に顕著にみられるため、大企業の売上高経常利益率はむしろ増加して

156

図表4-20　全法人部門の内部留保（1960-2006年）

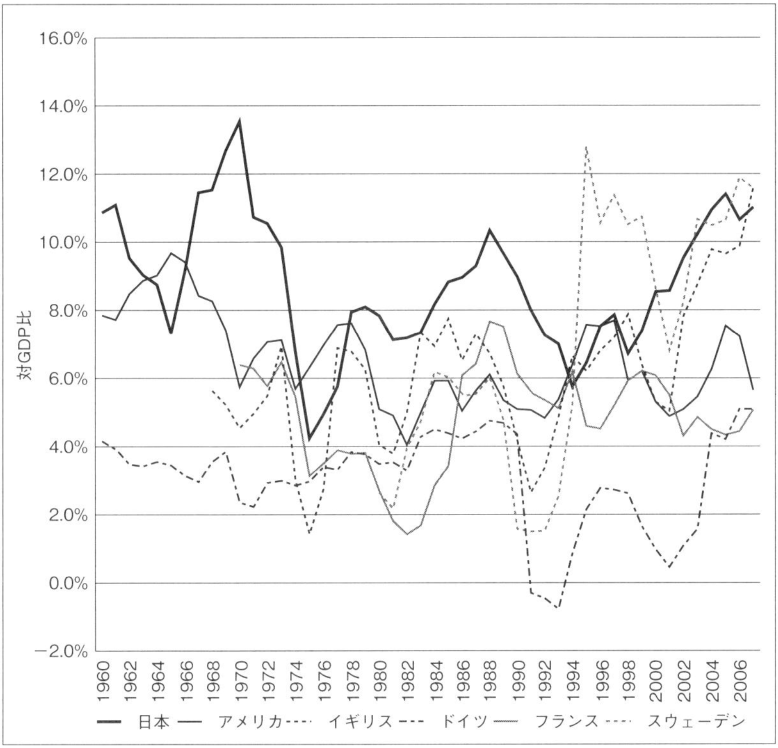

注1：内部留保（企業貯蓄）＝営業余剰＋財産所得（受取）−財産所得（支払）
注2：1960-1995: 68SNA、1995-2007: 93SNAを利用している。
注3：日本の1995年、アメリカの1995〜1998年は68SNAによる。
（出所）OECD, National Accountsより作成

いること、である。

　このように見てみると、1990年代後半に法人部門の貯蓄投資差額が貯蓄超過となったのは、①人件費の抑制と配当の増加によって内部留保（法人貯蓄）がもたらされ、②同時にバブル崩壊により従来は旺盛であった投資活動が抑制されたという、2つの法人部門の行動変化が影響していることが考えられる。次にもう少し詳細に、日本の法人企業による配当の動向と人件費の動向について、確認してみよう。

図表4-21　日本企業の動向

	全企業		大企業		小企業	
	1986-89	2001-04	1986-89	2001-04	1986-89	2001-04
売上高	19%	2%	8%	4%	6%	3%
付加価値	25%	4%	9%	6%	17%	2%
支払給与 (対役員：賞与含む)	14%	−4%	21%	59%	13%	−4%
支払給与 (対従業員)	11%	−6%	14%	−5%	10%	−7%
支払配当	37%	84%	6%	70%	73%	26%
売上高経常利益率	3.00%	3.10%	3.80%	4.80%	2.10%	0.90%

(出所) ロナルド・ドーア (2006) を加工して作成。

4　支払・受取配当額の動向

4-1　法人所得税統計での把握

　まず、日本の法人企業の配当の動向について、法人所得税統計を用いて確認してみると、以下の2つの傾向が指摘できる。

　第一の傾向は、1990年代後半以降、日本の法人企業の売上高に占める支払配当の割合が、1995年の0.32%から2007年の0.98%へと約3倍になっていることである（図表4-22）。さらに、同じ図で株式所有割合の時系列推移も確認すると、多くの研究に合致するように、外国人投資家（個人・法人）の持ち株比率の増加とともに支払配当比率が増加している[26]。

　第二の傾向は、税制改正によって法人企業の受取配当が課税ベースに算入される割合が引き上げられているにもかかわらず、法人企業の非課税となる受取配当額の割合が、約20%から約50%へと約30

---

26) 川本卓司・篠崎公昭 (2009)、山田亮・戸田淳史・村上貴昭 (2009) 等。

図表4-22　所有所別持株比率と売上高支払配当比率の推移

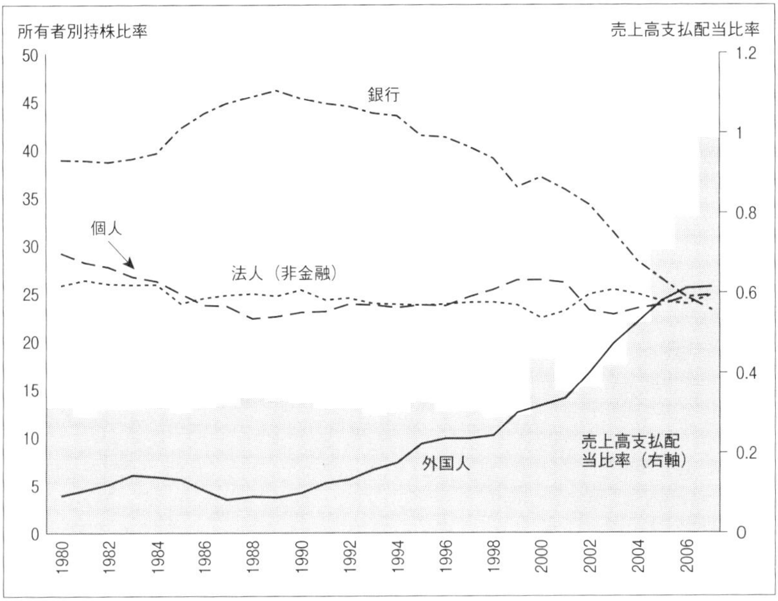

(出所) 東京証券取引所ほか (2009)『平成20年度株式分布状況調査結果の概要』10頁及び国税庁『税務統計から見た法人企業の実態』より作成。

ポイントも増加していることである[27]（図表4-23）。その要因は、日本企業の株主に法人株主が多く、そこに組織再編税制が導入されたこと、言いかえれば、関係法人間の株式相互保有が多い中で支払配当が増加し、そこに組織再編もなされたこと影響している[28]。例えば、日本企業で支払配当が増加すると、日本企業の株式を保有しているのが日本企業であるため、同時に国内法人株主として配当を受け取る日本企業が増加するのである。

このような事実は、EU諸国と同様の規模とは言えないまでも、

---

27) 1989年度税制改正において関係会社間以外の法人間配当の益金不算入割合が80%に引き下げられ、2002年税制改正においてそれが50%に引き下げられ、むしろ法人税の課税ベースの拡大が図られている。
28) 2001年度税制改正による組織再編税制では、適格要件を満たす場合に、譲渡損益や配当への課税繰延が認められるようになった。

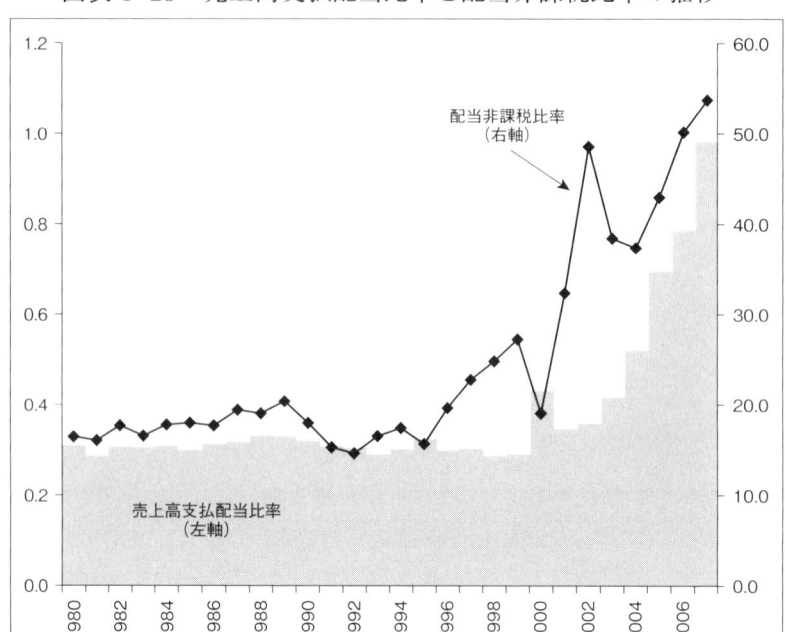

図表4-23　売上高支払配当比率と配当非課税比率の推移

注1：売上高配当比率＝支払配当／売上高×100
注2：配当非課税比率＝受取配当益金不算入／支払配当×100。

日本企業でも法人の受取配当が増加したことを示している。そしてこれが、日本企業が2000年代前半においても1980年代後半と同等の売上高経常利益率を維持できた、一つの背景でもある。

4-2　源泉所得税統計での把握

　以上のような1990年代後半以降の日本企業の支払配当と受取配当の増加に関し、所得税の源泉所得税統計に法人税の所得税額控除を加えたデータを用いて、別の視点から検証してみたい。
　そもそも、日本の法人企業による配当の受取先が、国内株主か外国株主かについては、個人所得税の源泉徴収統計を用いることで確認できる。法人企業が配当支払い時に源泉徴収している場合、居住

者（法人含む）への配当時における源泉所得税、非居住者（法人含む）への配当時における源泉所得税という形で、支払配当を国内と国外とに区分することができるからである。結論を先取りすれば、日本企業による支払配当の受取先は、国内・外国ともに増加しているが、依然として国内（内国法人）に対する配当が多い[29]。この点について分析してみよう。

4-2-1）国内株主（法人含む）の受取配当

まず、日本企業による居住者（法人含む）への支払配当額、言いかえれば居住者（法人含む）の受取配当額は、所得税収に占める「配当所得」の源泉徴収額の割合から概ね確認できる。図表4-24で所得税額に占める配当所得に対する源泉徴収金額の割合を確認すると、2000年の5.6％から2007年の15.1％へと9.5ポイント増加している。特に、2005年以降の配当所得の源泉徴収額の割合が14％前後となり、国内株主への配当がそれ以前の5％程度での推移に比して急激な増加であることが確認できる[30]。

さらに、国内株式の中でも、内国法人株主の受取配当の状況については、法人所得税の算定上控除される所得税額控除の金額を用いると、若干の分析が可能である[31]。日本では法人企業の利子所得や配当所得の源泉徴収分は、利子・配当を受け取る法人の法人所得税の算定上、所得税額控除として控除されているからである。

この点に関して図表4-24を確認すると、「利子所得」や「配当所得」の源泉徴収金額の控除項目として示してある「法人受取分」が、法人所得税統計における所得税額控除の額で、1995年の3.9％から2007年の11.5％へと7.6ポイントも増加している。所得税額控除にかかわる所得のうち、配当所得と並んで主要な所得である利子所得

---

29) 種類株式が多くないので、ほぼ持ち株数に比例した配当の支払になっているものと考えられる。
30) 先に確認した【表3】は、法人企業統計の2001年〜2004年のデータ。ここでは、それ以降のデータを確認していることになる。
31) 外国法人株式を保有することで受け取った配当（国外源泉所得）に対する源泉徴収額は、外国税額控除の一部として控除される。

図表 4-24 所得税収の構成比の推移

	1980	1985	1990	1995	2000	2001	2002	2003	2004	2005	2006	2007
申告所得税	23.5%	20.1%	27.4%	17.5%	14.6%	13.6%	15.3%	16.2%	15.9%	15.9%	17.1%	18.6%
源泉所得税	76.5%	79.9%	72.6%	82.5%	85.4%	86.4%	84.7%	83.8%	84.1%	84.1%	82.9%	81.4%
給与所得	59.1%	62.7%	46.8%	58.0%	55.7%	53.7%	62.3%	64.3%	64.7%	60.3%	66.9%	61.1%
退職所得	1.0%	1.5%	0.7%	1.2%	1.6%	1.7%	2.4%	2.3%	2.2%	1.8%	1.7%	1.7%
報酬・料金等所得	4.4%	4.7%	4.4%	5.7%	6.0%	5.9%	7.1%	7.1%	6.9%	7.8%	8.0%	7.4%
利子・配当	11.3%	10.1%	17.9%	15.6%	18.1%	22.1%	9.1%	7.2%	7.6%	11.0%	2.9%	7.5%
利子所得	13.7%	13.2%	20.3%	15.5%	17.3%	21.1%	8.1%	5.7%	5.0%	3.7%	2.8%	3.9%
配当所得	4.8%	4.4%	4.6%	3.9%	5.6%	5.0%	6.8%	6.8%	7.7%	14.3%	13.8%	15.1%
△法人受取分	-7.2%	-7.4%	-7.0%	-3.9%	-4.8%	-4.0%	-5.8%	-5.3%	-5.1%	-6.9%	-13.7%	-11.5%
上場株式等の譲渡所得等	—	—	1.9%	0.8%	2.1%	1.0%	1.3%	0.4%	0.6%	1.5%	1.3%	1.3%
非居住者等所得	0.7%	0.7%	0.8%	1.1%	1.8%	2.1%	2.5%	2.5%	2.1%	1.7%	2.1%	2.4%
合計 (10億円)	100,580	143,277	241,015	198,039	182,716	188,945	155,726	146,532	151,773	168,173	169,902	161,523

(出所)『国税庁統計年報書』より作成。

が、この期間のゼロ金利政策によってそれほど大きく伸びている要因にはなりにくい。またこの期間に利子所得の源泉徴収税率の改正も見られない。とすれば、1990年代以降に増加傾向にある所得税額控除の金額の大きな部分が、内国法人が受け取る配当所得からのものであることが推察できる。

以上ように源泉所得税に関連するデータによって、日本企業の国内株主への配当支払（＝国内株主による受取配当）が増加していること、国内株主の中でも内国法人の受取配当金額が増加傾向にあることが確認できる。

4-2-2 非居住者（法人含む）の受取配当

今度は、日本企業による非居住者（外国法人含む）への配当支払額、言いかえれば非居住者（法人含む）の受取配当額を確認してみよう。図表4-24で所得税に占める「非居住者等所得」の源泉徴収額の割合を確認すると、2000年以降になってこれまでより1ポイント程度増加していることがわかる。これに、図表4-25で「非居住者等所得」の内訳を確認すると、配当所得に関連する源泉徴収割合の増加が一層明確になる。

例えば「利益又は利息の配当、剰余金の分配、基金利息の分配等」や「匿名組合契約による利益の分配」といった配当関連所得にかかる源泉徴収額が、「非居住者等所得」の源泉徴収額に占める割合は、1998年の30.6％から2007年の62.3％へと31.7ポイント増加している。このことは、仮に非居住者（法人含む）の対日投資が日本で源泉徴収の対象となり、最終的には非居住者の居住地での課税方式に服することを前提とすれば[32]、非居住者（法人含む）の源泉所得等が増加していることを示している[33]。

---

32) 近年は租税条約により日本での源泉徴収を行わない場合もあるので、一概にはその傾向を判断することは困難である。
33) 非居住者の配当源泉税を、外国の法人株主と外国の個人株主とに区分することは難しい。そのため、残念ながら外国株主の個人や法人が国内株式保有に伴って受取る配当の状況についてはわからない。

図表 4-25 外国法人・非居住者の課税状況（源泉所得税）の内訳

支払時に源泉徴収の対象となる国内源泉所得の内容	1998	1999	2000	2001	2002	2003	2004	2005	2006	2007
給与・賞与等	4.4%	4.6%	3.7%	5.0%	4.1%	5.0%	6.0%	6.9%	5.9%	5.5%
退職所得	2.2%	1.9%	1.5%	0.5%	0.6%	0.9%	0.6%	0.5%	0.6%	0.5%
役職の報酬	2.6%	2.5%	2.1%	2.5%	2.7%	2.9%	3.6%	4.5%	3.2%	3.1%
人的役務提供事業の対価	1.5%	1.2%	0.9%	1.7%	1.7%	1.5%	1.7%	2.2%	1.8%	1.4%
技術に関する権利等の使用料（又はその譲渡による対価）	38.2%	45.3%	43.3%	34.6%	35.5%	38.9%	30.6%	22.4%	15.2%	13.3%
著作権の使用料（又はその譲渡による対価）	14.0%	16.2%	13.3%	12.1%	13.6%	14.0%	11.4%	6.8%	5.3%	4.1%
機械等の使用料	0.1%	0.1%	0.0%	0.0%	0.1%	0.1%	0.1%	0.2%	0.2%	0.2%
土地等の譲渡による対価	0.4%	0.4%	0.5%	4.6%	2.6%	2.3%	8.2%	5.9%	3.4%	2.2%
公社債・預貯金の利子等	2.6%	2.9%	3.7%	2.8%	2.5%	2.0%	1.8%	1.8%	1.9%	1.5%
貸付金の利子	1.6%	1.7%	2.2%	9.5%	5.1%	3.2%	3.3%	6.2%	3.8%	4.1%
不動産、船舶の貸付、鉱業権の設定又は航空機、船舶の貸付による所得	1.6%	1.6%	1.3%	2.0%	1.2%	1.5%	1.7%	2.0%	1.4%	1.6%
利益又は利息の配当、剰余金の分配、基金利息の分配等	30.6%	21.4%	27.4%	24.5%	27.3%	19.7%	22.7%	31.5%	42.6%	48.1%
匿名組合契約に基づく利益の分配	0.0%	0.0%	0.0%	0.0%	2.9%	7.9%	8.1%	9.0%	14.7%	14.2%
生命保険契約等に基づく年金	0.0%	0.0%	0.0%	0.0%	0.0%	0.0%	0.0%	0.0%	0.0%	0.0%
賞金	0.2%	0.2%	0.1%	0.0%	0.0%	0.0%	0.0%	0.1%	0.0%	0.0%
合計（10億円）	3,012	3,026	3,358	4,013	3,910	3,670	3,209	2,913	3,586	3,948
所得税に占める割合	1.8%	1.9%	1.8%	2.1%	2.5%	2.5%	2.1%	1.7%	2.1%	2.4%

（出所）「国税庁統計年報書」より作成。

つまり、日本企業の外国株主に対する支払配当の金額（＝外国株主による受取配当）は、金額的には大きくなく、法人株主か個人株主かの区別はできないものの、国内株主の受取配当と同様に増加傾向にあることが推察できる。

5 人件費の動向：水準は同等か？

今度は、日本の法人企業の人件費の動向について確認してみたい。近年、法人所得税の議論の際に、雇用主拠出の社会保険料を含めた比較を行い、日本の法人企業の負担が必ずしも高くないとの議論がある[34]。いわば、法人企業からの強制的拠出に着目した議論である。しかし、この議論に対して、OECDによる労働費用統計を利用して、雇用主拠出のみに着目した議論は一面的であり、労働費用としてみると日本（48,864ドル：2008年）はスウェーデン（49,798ドル：2008年）とほぼ同じ程度であり、決して水準が低いわけではないとの指摘もある[35]（図表4-26）。

後者の議論で用いられるOECD統計における労働所得の構成項目は、各国の労働所得に占める租税・社会保険料の割合（税の楔）を比較することに目的があり、総人件費そのものの比較が目的ではない点に留意する必要がある。端的に言えば、このOECD統計における労働費用は、賃金・給料に対する所得税や法定福利費を示したもので、法定外福利費を考慮に入れたものではない。そのため企業の人件費を比較する統計として、必ずしも的確なものとは言い難い[36]。この点を意識して図表4-27で法定外福利費をも含む労働費用の費目別構成について国際比較を行うと、興味深い事実が明らかになる。結論を先取りすれば、現在の日本の法定外福利費の比率が、相対的に見てきわめて低い状況になっている点である。

34）税制調査会（2007）
35）湯元・佐藤（2010）108～109頁。
36）OECD（2009）p.456.

図表4-26 労働費用と税の楔

| | 労働費用(ドル) ||| うち税の楔(%) || 個人所得税(%) || 社会保障負担（%） ||||
| | | | | | | | | 被用者拠出 || 雇用主拠出 ||
	1998	2004	2008	1998	2004	1998	2004	1998	2004	1998	2004
日本	27,664	35,103	48,862	20	26.6	6	5.2	7	10.3	7	11.1
アメリカ	31,300	37,606	44,039	31	29.6	17	15.4	7	7.1	7	7.1
イギリス	29,277	36,159	56,764	32	31.3	15	14.5	8	7.8	9	9
ドイツ	35,863	42,543	61,635	51	50.8	17	16.2	17	17.3	17	17.3
フランス	28,198	35,443	51,279	47	47.4	10	9.4	9	9.8	28	28.2
スウェーデン	29,768	34,606	49,798	51	48	21	18.1	5	5.3	25	24.6

労働費用：生産労働者（単身者）の平均賃金を購買力平価でドル換算
（出所）OECD, Taxing Wages 各年度より作成。

図表4-27 労働費用費目別構成（製造業）　　　（％）

	日本(2005)	アメリカ(2008)	イギリス(2008)	ドイツ(2008)	フランス(2004)	スウェーデン(2008)
労働費用計	100.0	100.0	100.0	100.0	100.0	100.0
現金給与	79.8	77.6	82.7	77.0	63.4	65.1
現金給与以外	20.2	22.4	17.4	23.0	36.6	34.9
法定福利費	(10.3)	(8.2)	(7.9)	(14.8)	(25.1)	(21.2)
法定外福利費	(2.4)	(10.0)	(6.8)	(6.5)	(4.6)	(8.9)
現物給付	(0.2)	—	(1.4)	(0.8)	(0.2)	(1.1)
退職金等の費用	(6.8)	(4.2)	(0.7)	(0.3)	(3.1)	(0.0)
教育訓練費	(0.3)	—	(0.5)	(0.5)	(1.7)	(0.8)
その他	(0.3)	—	—	(0.2)	(1.9)	(2.9)

（出所）『データブック国際労働比較2011』表5-8より作成。

　まず、日本とアメリカの法定外福利費の比率を比較すると、アメリカ（10％）のほうが日本（2.4％）よりも高い。これは、周知のように医療保険が民間保険を中心に提供されていることに起因している。つまり、アメリカの法定外福利費の高さは、社会保障給付の低さ及びそのための拠出である法定福利費の低さと表裏一体の関係にある。

　しかし、日本とスウェーデンの法定外福利費の比率を比較しても、スウェーデン（8.9％）のほうが日本（2.4％）よりも高い。言

い換えれば、スウェーデンは社会保障サービスの高さ及びそのための拠出である法定福利費の高さだけでなく、法定外福利費も日本よりも高い。

　日本企業の法定外福利費の割合の相対的な低さは、1990年代後半以降における非正規雇用の増大等によって、これまでほぼ大企業の正規従業員に限定されていた自由裁量性の高い法定外福利費が抑制されていったことを反映したものであるといえるであろう[37]。

　これらの点に関し、製造業に限定したものではあるが、労務費そのものの規模を問題とし、単年度ではなく時系列の推移を示す図表4-28を用いて、もう少し慎重に議論してみよう。上段は、法定外福利費を含む労務費そのものの金額（ドル換算）を時系列で示し、下段はアメリカを100とした場合の各国の割合の時系列の推移を示している。

　まず、上段で日本の労務費と各国の労務費との関係を見てみると、1995年以降、相対的に日本の労務費が低下傾向にあることが見て取れる。その傾向をもう少し明確にすべく、アメリカを100として比較している下段をみると、1990年代後半以降の日本企業では、1995年の135.4から2007年の78.7へと相対的に人件費が減少傾向にある。つまり、ドル換算であるために為替レートの影響を受けるが、先進国との比較において、法定福利費に加えて法定外福利費をも考慮に入れた人件費の比較を行うと、必ずしも日本の人件費が低くはないとは言い難い可能性がある[38]。

　戦後の日本企業は相対的に人件費を抑制してきたが、バブル以前までは、それを個人所得税の減税によって緩和するメカニズムが機能していた[39]。しかしバブル経済崩壊後のゼロ成長・高齢化傾向の高まりに伴い、所得税減税措置の限界、外国株主の増加等によっ

---

37) 大企業は自由裁量性の低い法定福利費の抑制をも意識するようになっていく。また、大企業の正規従業員の雇用不安定化は、潜在的に存在していた中小企業の問題や非正規雇用の問題を顕在化させた。
38) 相対的に社会保障が未成熟である途上国の人件費との比較については、妥当性を欠く。
39) 関口（2011）

図表4-28　生産労働者の時間当たり労働費用（製造業）

		1995	1998	2000	2001	2002	2003	2004	2005	2006	2007	2008
USドル	日本	23.3	17.63	21.7	19.2	18.4	20.0	21.7	21.3	20.0	19.8	23.2
	アメリカ	17.2	18.59	19.7	20.6	21.4	22.3	22.9	23.6	23.9	25.1	25.6
	イギリス	13.4	16.18	16.6	16.4	17.3	19.7	24.0	24.6	25.6	29.0	27.8
	ドイツ	26.2	22.38	19.6	19.4	21.0	25.8	28.5	28.6	29.7	32.9	36.1
	フランス	20.0	18.00	16.0	16.1	17.5	21.4	24.1	25.0	25.8	28.9	32.1
	スウェーデン	21.5	22.00	20.3	18.5	20.5	25.7	29.1	29.3	29.6	34.7	36.7
US=100	日本	135.4	94.8	109.9	93.3	86.0	89.9	94.5	90.3	83.5	78.7	90.3
	アメリカ	100.0	100.0	100.0	100.0	100.0	100.0	100.0	100.0	100.0	100.0	100.0
	イギリス	77.7	87.0	84.1	79.6	80.7	88.4	104.6	104.1	106.9	115.4	108.5
	ドイツ	151.8	120.4	99.4	94.4	97.9	115.5	124.1	121.4	124.1	130.7	140.7
	フランス	116.1	96.8	80.9	78.1	81.7	96.2	105.1	105.8	107.9	115.2	125.0
	スウェーデン	124.4	118.3	102.6	90.0	95.6	115.2	127.0	124.3	123.6	137.9	143.0

（注1）上段は労働費用の金額を各年の為替レートで米ドルに換算。下段はアメリカを100とするように基準化。
（注2）労働費用＝時間直接給＋雇用主社会保障関連支出（法定・法定外含む）及び労働関連税
（出所）U. S. Bureau of Labor Statistics（2011）International Comparisons of Hourly Compensation Costs in Manufacturing, 2009 より作成。

て、人件費の抑制傾向が一層顕在化したのである[40]。特に、法定外福利費の水準の低さと個人所得税減税の限界は、従来の企業福祉や手取り賃金確保のメカニズムの変質を示しているともいえる。

40）川本卓司・篠崎公昭（2009）18頁

VI
むすびにかえて

　本稿では、日本において法人税の負担引き下げの必要性を主張する論拠の一つとなっていた、国際比較による各国の法人税の特徴に着目し、そのような特徴が生じた諸要因を明らかにしてきた。

　第一に、日本の法人企業の法人課税の対GDP比が国際的にも高い要因について検討した。その要因には、法人税の対象となる範囲の広さ、海外進出の度合いの低さ等に伴う法人所得税の国内納付額の多さ、法人部門そのものの大きさ等に伴い法人所得の規模が相対的に大きいといった複数の要因が考えられる。法人税の対GDP比の国際比較を行う際には、その比率の高低の議論に集中しがちであるが、このような日本企業の特色が、法人税の対GDP比の高さに影響している可能性にも配慮した議論が必要である。

　第二に、EU諸国での法人税のパラドックス（法定法人税率のほぼ一貫した引き下げにもかかわらず、2000年代の法人税収の対GDP比がむしろ上昇している現象）について、主として法人部門の法人所得に着目した検討を行なった。

　確かに、1980年代とそれ以降の変化を確認すると、EU諸国の法人所得は増加しているが、それは人件費が相対的に減少することで営業利益を確保し、同時に、金融所得の受払の増加によって経常利益を確保することによって実現しているものであった[41]。

　このような現実を見ると、近年の法人税の転嫁・帰着の議論で示される「法人税率引き下げ（減税）によって、労働所得が長期的に

---

41) Devereux, M, R. Griffin and A. Klemm (2004) はイギリスを例にとり、法人税のパラドックスの発生要因について、課税ベースの拡大措置以外に、法人部門の規模の拡大、金融セクターの利益の増加を指摘している。

は増加する」という帰結とその現状が整合しているとは言い難い。むしろ、法人税のパラドックスの生じたEU諸国では、低所得階層への労働所得課税（社会保障拠出含む）を軽減する形で対応しているのが実情である[42]。

最後に、2000年代以降の日本企業の動向について検討した。1990年代後半以降は、人件費を抑制しながら、法人間の株式相互保有のもとで配当の受払を増加させる形で、経常利益を確保している傾向にある。法人間の配当の受払は歴史的には増加しているものの、国際的にみれば増加傾向が著しいわけではない。にもかかわらず、相対的に増加した配当と相対的に減少した人件費の関係が際立っているのは、日本では人件費の抑制を個人所得税の減税で補完するというこれまでのメカニズムが機能しなくなったことによる。つまり、所得税減税の限界は人件費抑制傾向をより一層顕在化させ、配当の増加をより一層際立たせたのである。

国際比較の視点から日本の法人企業を見た場合、特徴的なのは、日本企業のほぼ一貫した相対的な内部留保の高さであろう。今後、日本の内部留保比率がOECD諸国の水準に収斂してゆくとすれば、家計への配分や投資の増加を通じて内部留保比率は低下してゆく。そしてこれまでは相対的に低かった海外生産比率の増加とも相まって、法人税の国内納付額は減少してゆく可能性がある。つまり、法人所得税のGDP比率を基準に法人税の負担の高さを問題にしているとすれば、日本企業の国際化に伴って、自然に減少する可能性もある。そのように考えると、今後も法人税収に大きく依存することは難しい。

また、税率アプローチによって法定実効税率の国際比較を行うと、日本の法定実効税率が国際的に高いことは事実である。法定実効税率が、法定税率から機械的に算定されるものであり、課税ベースへの配慮がほとんどないからである。本来であれば日本の法人企

---

42) Laet, J and F. Wohlbier（2008）pp 22–25.

業の国際競争力の議論において問題とすべきは、製品の性能・品質、そしてそれを生み出す人的資源の確保等の問題である。にもかかわらず、法人税の負担、とりわけ法人税率引き下げの議論がなされてきたのは、政府にとってコントロール可能なものが法人税だからなのであろう。そのような観点から税率引き下げの議論が出てきているとすれば、これまでの税率引き下げ要求が、何を目的としているのか、また、その目的を達成しえたのかについて同時に検証を行う必要があるが、積極的に行われてきたとは言い難い[43]。

　例えば近年の法人税率引き下げの議論はどうか。少なくとも内部留保の金額の多さを見る限り、資金調達の必要性から法人税率引き下げが要求されているものとは思われない[44]。また、法定実効税率の低下傾向はみられるものの、OECD加盟国において、GDPを基準にした国の規模と法定実効税率との間には強い正の相関関係があるとも指摘していることも気になる点である[45]。

　それでもアメリカのオバマ政権での議論のように、国際比較の視点から法定実効税率の高さを問題にしているのであれば、地方税の法人事業税と国税の法人税を変更することで、法定実効税率を引き下げることが可能である。端的に言えば、法人課税の法定実効税率が、法人所得に対する法定税率のみを考慮していることに着目した手法である。

　まず、現在、所得割、資本割、付加価値割のある法人事業税については、所得割に対する税率を引き下げ、付加価値割を拡大する[46]。そうすることで、法人事業税（所得割）の法定税率を引き下げることができるので、少なくとも国際比較を行うと高いといわれる法定実効税率は引き下がる。また、このような形で付加価値割を拡大すると、地方税である法人事業税の偏在性の解消にも寄与す

---

43) 国枝 (2010)。
44) 田近 (2010)。
45) OECD (2007) chapter 1, 1.3.
46) 2004年度の法人事業税の付加価値割の導入時には、標準税率による法定実効税率が40.87％から39.54％へと下がっている。

る[47]。

　さらに、必要であれば、国税の法人税額算定時に損金算入されている、法人事業税（所得割）の損金算入を否認することも考えられる[48]。この取り扱いは、国民経済計算上の法人事業税の取り扱い（法人事業税の損金算入）の趣旨とも合致する。

　結局のところ法人所得税の議論は、法人企業の収益がどのような形で配分されるかに依存している。法人企業は必要な内部留保を確保したうえで、設備投資や家計への分配といった形で適切に利用されることが望ましいからである。そのような視点から、個人所得課税と法人所得課税を合算した税収の対GDP比について国際比較を行うと、各国での相違は法人所得課税のみでの比較に比べて、それほど大きくはないことがわかる。これまでの日本においては、法人段階で所得課税の収入を確保し、家計段階での所得課税を軽減してきたといえるかもしれない。企業段階での課税の議論が家計段階の課税とセットで必要なゆえんである。

---

47) 関口（2009）
48) この取り扱いは、法人事業税の付加価値割と資本割の損金算入をこれまで通り認め、所得割の損金算入を否認することを意味する。

主要参考文献

諸富徹（2009）「グローバル化は世界の税制をどう変えたのか」諸富徹編『グローバル化時代の税制改革』ミネルヴァ書房。

国枝繁樹（2010）「税制改革の論点」『租税研究』733号。

税制調査会（2007）「抜本的な税制改革に向けた基本的考え方」。

関口智（2009）「地方税制改革の現状と課題」『都市問題』100巻8号。

関口智（2010）「国民所得に占める法人税収・法人所得の推移」税制調査会 第3回専門家委員会提出資料、2010年4月7日。

関口智（2011）「戦後日本の法人税制の分析視角」『立命館経済学』59巻6号。

田近栄治（2010）「日本の法人税改革」『税経通信』第65巻9号。

吉村政穂（2011）「諸外国における法人税改革の状況と評価」『税研』115号。

ロナルド・ドーア（2006）『誰のための会社にするか』岩波新書。

川本卓司・篠崎公昭（2009）「賃金はなぜ上がらなかったのか？」日本銀行ワーキングペーパーシリーズ N0. 09–J–5。

山田亮・戸田淳史・村上貴昭（2009）「なぜ賃金は抑制されたのか」New ESRI WorkingPaperSeries No. 12。

湯元健治・佐藤吉宗（2010）『スウェーデン・パラドックス』日本経済新聞社。

Alan J. Auerbach, M. P. Devereux,. H.（2008）, Taxing Corporate Income Tax, Prepared for the Mirrlees Review, Reforming the Tax System for the 21st Century.

De Mooij, R. A. and G. Nicodeme（2008）," Corporate tax policy and incorporation in the EU", International Public Finance, 15. pp 478–498.

Devereux, M, R. Griffin and A. Klemm（2004）," How has the UK corporation tax raised so much revenue?." IFS Working Papers

W04/04, Institute for Fiscal Studies.

DIW Berlin (2007), Wochenbericht Unternehmensbesteuerung: Trotz hoher Steuersätze mäßiges Aufkommen.

Federation of European Securities Exchanges (2008), Share Ownership Structure In Europe.

Laet, J and F. Wohlbier, (2008)," Tax Buredn by economic function: A comparison for the EU Member States." European Commission.

OECD (2007), Fundamental Reform of Corporate Income Tax, OECD Tax Policy Studies, No 16.

OECD, Taxing Wages, Various Issues.

Piotorwska, J and W. Vaborren (2008), The corporate income tax rate-revenue paradox: Evidence in the EU, Taxation Papers, European Commission.

Slemrod (2007)," Is the Tax Reform Goog for Business? Is the Pro-business Tax Policy Good for America?", Fundamental Tax reform, The MIT Press.

U. S. Bureau of Labor Statistics (2011), International Comparisons of Hourly Compensation Costs in Manufacturing, 2009.

第5章
「社会保障改革における消費税」

Ⅰ　町田俊彦
Ⅱ　星野　泉
Ⅲ　中村良広

I
社会保障と税の一体改革

はじめに

　民主党政権の第2代首相に就任した菅直人が、2010年7月11日の参議院選挙を前に、社会保障の強化の方向について示すことなく、財政再建最優先の立場から消費税率の10％への引き上げを提起した結果、民主党は参議院選挙で大敗し、衆議院と参議院のねじれ状態を招いた。そこで菅首相は消費税の大幅増税を合理化するために、改めて「社会保障・税一体改革」という議論の枠組みを設定した。2010年10月に政府・与党社会保障改革検討本部（本部長＝菅首相）を設置、同年11月から12月にかけて社会保障改革に関する集中検討会議を開催、12月に社会保障改革の「3つの理念」「5つの原則」を盛り込んだ報告を行った1）。政府・与党社会保障改革検討本部は、2010年12月10日の会合で2011年6月までに年金など社会保障制度の改革と消費税増税を含む税制改革の具体案をまとめることを決めた。あわせて消費税を社会保障給付の中心となる財源に位置づけ、社会保障目的税として明確にすることで合意した。12月14日にはこの改革の基本方針が閣議決定された。

　2011年に入ると、菅首相は消費税増税にむけての社会保障・税一体改革の議論を加速化するため、1月の第2次改造内閣で「立ち上がれ日本」の与謝野馨を一本釣りして経済財政相に据え、一体改革を担当する特命相とした。与謝野馨は、自民党時代には最も強硬な「消費税増税による財政再建」派であり、消費税の社会保障目的税化を主張してきた。自民党政権時代から民主党を罵倒してきた与謝野氏を社会保障・税一体改革を担当する大臣に据えたことは、改革の主な狙いが消費税の大幅増税にあることを端的に示した。与謝野

経財相の進言を受けて菅首相は、関係閣僚や与党責任者のほか、経済界や労働界、学識経験者らで構成される「社会保障に関する集中検討会議」（議長＝菅首相）を設置、2月から検討を開始し、3月11日の東日本大震災と福島第一原発の事故による中断があったが、少数の関係者による非公式会合で検討を再開し、2011年6月初に社会保障・税一体改革原案を決定した。

　財源対策としての消費税率10％への引き上げ案が、菅首相、与謝野経財相、野田財務相ら一部の幹部の密室による協議で決定されたことから、成案のとりまとめにむけて、民主党や総務省・地方自治体などから強い反発が生じた。2011年6月17日には、「社会保障・税一体改革」の修正案が示された。増税の条件として、「経済条件の好転」を盛り込み、与党内の強い反対意見に配慮した。民主党の「社会保障と税の抜本改革調査会」は、6月24日、消費税率引き上げ時期は「2010年代半ば頃まで」など幅のある表現とするよう求める意見書を政府に示し、反映させるよう求めることで大筋一致した。政府・与党は6月30日に、「経済条件を好転させることを条件として」「2010年代半ばまでに消費税率を段階的に10％に引き上げる」という方針を盛り込んだ「社会保障・税一体改革成案」を決定したが、閣議決定は見送られ、閣議報告・了承という扱いになった[1]。

　民主党内の消費税増税反対派・マニフェスト堅持派から「社会保障・税一体改革成案」の具体化について強い抵抗が生じたのは、2012年1月6日に「成案」と同様に閣議報告という扱いになった「社会保障と税の一体改革素案」のとりまとめの過程である。12月29日の民主党総会に野田首相が出した増税素案は、前日に出された「消費税率を2013年10月に8％、2015年4月に10％に引き上げる」という案と同じであったために、政権公約違反とする消費税増税反

---

[1] 「社会保障・税一体改革成案」の決定過程、概要、問題点については、拙稿「国民の〈将来不安〉の払拭と内需創造型経済への転換を阻む〈社会保障・税一体改革〉」『自治総研』第495号、2011年9月号、22〜51頁を参照のこと。

対派議員の批判が相次いだ。そこで①消費税率引き上げを半年遅らせる、②「経済状況を総合的に勘案したうえで、引き上げの停止を含める」という景気条項を盛り込み、③「議員定数削減や公務員給与削減など自ら身を切る改革を実施した上で、消費税増税を実施する」を盛り込む修正で、ようやく了承を取り付けた。

「成案」には記載がなかった事項として、2020年度までの基礎的財政収支黒字化にむけて、今後5年間を目途に検討と増税法案附則に明記することが掲げられた。5％引き上げの党内議論、与野党協議で意見の一致がみられないこの時期に、「成案」・「素案」のように社会保障改革をカムフラージュとして前面に出すことなく、「財政再建のための消費税再増税」の布石を打っておこうとする「財務省主導型」一体改革の端的な現れである。

「素案」閣議報告・了承後、3月末の一体改革法案の閣議決定、国会提出にむけでの時期は、国会審議おける野党・自公による批判と民主党内における消費税増税反対派の抵抗という二つのレベルで対立が尖鋭化した。2012年2月10日には、「社会保障と税の一体改革大綱」が閣議決定されたが、ほぼ素案を引き継いでいる。

消費税増税派という点では野田政権と共通の基盤に立つ野党・自公は、次のような主張から与野党協議への参加を拒否し続けた。
① マニフェストを全面撤回せよ。まず解散をすべきである。
② 社会保障改革の全体像を示し、新型年金の財源を示せ（公明党）
③ 「身を切る」改革を徹底せよ。
④ 予算案は特例国債法案と切り離した衆議院通過（2013年3月8日）と関連して、「特例国債発行額」は将来の消費税増税をあてこんだ交付公債発行により「粉飾」されている。
⑤ 民主党内の消費税反対派を排除するのが与野党協議の前提である

2012年3月14日以降3月23日の閣議決定を目指して、「社会保障と税の一体改革調査会」、税制調査会、財務金融・厚生労働・総務・

文部科学の4部門による、実質的に民主党の全国会議員が参加する消費税増税法案等2法案の事前審査を行った。野田首相・谷垣自民党総裁のよる「密室会談」、岡田副総裁による「大連立」の示唆は、消費税増税反対派の「小沢排除」への反発、消費税増税への反対の姿勢を一層強めた。15日までの3日間続けての事前審査で消費税増税反対派の了承を取り付けることができず、21日から再開した。

　争点となったのは、①「景気条項」の具体的数値の明記と②附則による再増税の規定である。

　野田政権幹部はマスコミ、「世論」に期待、現役世代（特に「若い世代」）へ「負担増回避」を訴え、自公を「与野党協議」へ追い込む戦略を立てた。そこで「身を切る改革」としての政治改革・行政改革への取組み（議員定数削減、議員報酬引下げ、国家公務員人件費削減、国家公務員新規採用削減、「行政改革実行法案」）については、自民党案を丸飲みしたり、先取りしつつ、法案提出に向けて積極化した。一方、上記①・②、特に①については、表現の手直し等の修正を行うものの、基本は変えないという姿勢を貫いている。野田首相は、自公政権時代の所得税法付則104条「11年度までに必要な措置を講じる」を根拠として、増税法案年度内提示を貫く姿勢を示している。

1　「社会保障・税一体改革成案」におけるカムフラージュとしての社会保障改革

1-1　社会保障制度の充実（政策増）に必要な公費は消費税1％程度

　後述する通り、社会保障改革についてはおおまかな方向が示されているだけで、具体的な改革の内容は明らかではない。それにもかかわらず5％消費税引き上げを合理化するための費用の試算を行っている。

社会保障の充実（政策増）に伴う公費増加額は3.8兆円程度で、重点化・効率化に伴い公費は1.2兆程度削減されるので、ネットでは制度改善に伴う公費増は2.7兆円程度であり、消費税換算で１％程度にすぎない。改革に伴う新規歳出増に見合った安定財源の確保に消費税率２％分の財源が充てられているが、うち１％分は消費税引き上げに伴う行政経費の増加に充てられ、社会保障の充実に結びつくわけではない。
　「高齢化等に伴う自然増」で消費税率１％相当、基礎年金への国庫補助率1/2への引き上げの安定財源として消費税率１％相当、制度改革に伴う増と合わせて機能強化で消費税率３％相当の公費増が必要になると算定している。高齢化等に伴う増は、いわゆる自然増のうち経済成長による伸び（「機能維持」に含まれる）を超える増加のことである。
　これでは消費税率５％増に対応しないので、消費税引き上げに伴う行政経費の増加を消費税率１％相当、算出根拠がきわめてあいまいな「機能維持」で消費税率１％相当としている。はじめに消費税率５％引き上げが設定され、事後的に社会保障費の公費増でつじつまを合わせた可能性が濃厚な試算となっている。
　５％の消費税率引き上げのうち、約３％分は国・地方のプライマリー・バランス（PB：基礎的財政収支）の改善に充当される。社会保障・税一体改革の狙いは、企業や高所得層への負担を回避しつつ、中低所得者への負担増によって財政再建を進める点にある。「財政運営戦略」における財政健全化目標（国・地方の基礎的財政収支赤字の対GDP比を、2015年度までに2010年度から半減し、2020年度までに黒字化する）を達成するには、内閣府「経済財政の中長期試算」（2011年１月策定、年央に改訂）を前提とすると、2015年度までに消費税率で３％相当の増税が必要になると算定されている。社会保障制度の充実に消費税増税分のわずか１％しか充当しない社会保障・税一体改革は、社会保障強化と財政健全化の同時達成を標榜しながら、内実としては財政再建最優先政策が貫かれてい

る。

1-2　年金と高齢者医療の抜本的改革は先送り

「内需創造型経済への転換」という「新成長戦略」(2010年6月閣議決定)に対応した基本理念が設定されたにもかかわらず、財政再建最優先の組みの下で、民主党がマニフェストで掲げた年金、高齢者医療等の抜本的な社会保障改革案は盛り込まれていない[2]。年金については、所得比例年金(社会保険方式)と最低保障年金(税財源＝消費税、現在価値で7万円)の組み合わせから成る一元化された制度が構想されていた。5月16日の民主党の「社会保障と税の抜本改革調査会」の役員会では、月額7万円の最低保障年金を「年収300万円以上の人から削減し、600万円を超すと打ち切る」として、消費税率換算で3.5％分の新規財源が必要であるとの試算が提出された。消費税率の5％分引き上げと増収分の財政赤字圧縮への重点的な充当という枠組みからして、民主党マニフェストに基づく年金の抜本改革案は盛り込まれず、工程で「国民的な合意に向けた議論や環境整備を進め、実現に取り組む」と記すにとどめられている。高齢者医療制度の見直しについては、「高齢者医療制度改革会議のとりまとめ等を踏まえ、高齢世代、若年世代にとって公平で納得のいく負担の仕組み、支援金の総報酬制導入、自己負担割合の見直しを検討する」と記すにとどめられている。

1-3　社会保険の適用拡大と自己負担の「総合合算」が社会保障充実の中心

社会保障制度の充実(機能強化、政策増)として掲げられた主な政策は次の通りである。
　①　医療・介護等の自己負担の低所得者負担軽減の拡充、番号制

---

2) 民主党政権の新成長戦略については、拙稿「〈新成長戦略〉の構想と現実」『自治総研』第386号、2010年12月、55〜71頁を参照のこと。

度等の情報連携基盤の導入を前提とする自己負担の総合合算制度の導入。
② 年金の最低保障機能の強化
　・年金の低所得者加算（月額1.6万）…すべての人が加入する新しい年金制度である国民的な合意に向けた議論や環境整備を進め、実現に取り組む。当面、低所得者―単身者の場合年収65万円以下―等に対して構想の最低保障年金７万円と老齢基礎年金の平均額5.4万円の差の月額1.6万円を支給する。
　・障害基礎年金への加算
　・受給資格期間の短縮。短時間労働者に対する厚生年金の適用拡大。
③　子ども・子育て支援
　・待機児童解消のため３歳未満児保育の量的拡充（３歳未満児の保育利用率2010年23%→2014年35%→2017年44%）
　・質の高い学校教育・保育の実現（幼保一体化の推進）
　医療・介護、年金、子ども・子育て支援については、充実（政策増）に伴う公費負担の増加が試算されている。急性期医療への医療資源等の集中投入・在宅医療の充実等8,700億円程度、子ども・子育て支援0.7兆円、年金の低所得者対策・受給資格期間短縮0.6兆円が公費負担増加の比較的大きな政策である。今後とも社会保障制度の中核に据えるとした社会保険の改革で意義深いのは、被用者医療保険や厚生年金の適用拡大である。非正規労働者が短時間労働者を中心に被用者保険から排除されており、パート主婦を除いては国保や国民年金の未加入により現在または将来の医療・年金給付から排除される者が拡大しつつある。併せて市町村国保の悪化や基礎年金としての国民年金財政における２号被保険者（主に正規労働者）の負担増加をもたらしている。

1-4 「将来不安」を強める「効率化」(政策減)

　消費税増税分を基礎的財政収支の半減に重点的に充当するため、社会保障の多面的な「効率化」(政策減)が盛り込まれている。医療では、平均入院日数の減少、受診時定額負(1回100円)が掲げられたが、6月17日に決定した政府最終案に盛り込まれていた
　高齢者(70～74歳)の医療費自己負担1割から2割への引き上げは民主党議員の反対により、「高齢者医療制度」の見直しという表現にとどめられた。2号被保険者(40～64歳)の介護保険料では、ボーナスも賦課基準に算入する「総報酬制」へ切り替える。
　在宅医療・介護の基盤が整備されないうちに、入院期間短縮化による医療費削減のために、病気が慢性化した高齢者は短期間のうちに退院を余儀なくされ、家族は病院探しに追われる。老人保健施設等に入所できた場合には多額の自己負担が求められ、多くの場合には家族を過労に追い込む在宅医療・介護に追い込まれる。ますます強まる医療・介護の家族依存は、現在・将来の「生活不安」の主因の一つであるにもかかわらず、税・社会保障一体改革の「効率化」はそれを増幅する。
　年金については最低保障機能の強化が盛り込まれ、税財源による最低保障年金(月額7万円)を導入する改革構想が提起されているにもかかわらず、検討課題としてむしろ「将来不安」を強める厚生年金の支給開始年齢引き上げスケジュールの前倒しと年金支給開始年齢の68～70歳への引き上げが掲げられている点が注目される。60歳前半の特別支給の厚生年金の定額部分は2014年度からなくなり、報酬比例部分のみの部分年金のみになる。それに対応して2006年施行の高齢者雇用安定法改正により、企業は2013年度までに65歳までの雇用維持措置を段階的に整備することが義務付けられた。2026年以降は男子、2030年以降は女子の年金支給は原則65歳からになる。
　「社会保障と税の集中検討会議」が提出した社会保障改革案の参考

資料では、（ⅰ）厚生年金（報酬比例部分）の年金支給開始年齢の65歳への引き上げスケジュールを現在の3年に1歳ずつ引き上げから2年に1歳ずつ引き上げる例を示している。これにより男子の場合、65歳支給は現行の2026年（1961年生まれから適用）から2022年（1957年生まれから適用）に繰り上げられる。（ⅱ）厚生年金（報酬比例部分）について、現行のスケジュールの後、同じペース（3年に1歳繰り上げ）で68歳まで引き上げ、併せて基礎年金についても68歳まで引き上げる。（ⅲ）よりドラスティックな方式は、（ⅰ）の方式で65歳引き上げの前倒しを行った後、さらに同じペース（2年に1歳繰り上げ）で68歳まで引き上げるもので、2028年には完全に68歳支給（1960年生まれから適用）になる。（ⅰ）と（ⅲ）の方式を採った場合、1961年以降生まれの男子は、65歳で年金受給が開始しないうちに、68歳支給に繰り延べられる可能性が高い。

　68歳受給が開始しないうちに70歳支給に繰り延べられる可能性もあり、年金が「逃げ水」のようになろうとしている。65歳までの雇用が十分確保されないうちに、68〜70歳への繰り延べが提起されている。支給開始年齢を1歳引き上げるごとに基礎年金への公費負担が0.5兆円削減されると試算されている。財政再建を最優先した年金改革構想となっており、国民の将来不安を強める。

2　「社会保障税・一体改革成案」閣議報告以降の社会保障改革案の具体化、見直し

2-1　「社会保障・税一体改革素案」閣議報告まで

① 年金・高齢者医療の抜本改革で民主党政策を盛り込む

　「成案」に掲げられた年金の抜本改革のうち年金支給開始年齢の見直しの検討は先送りされた。社会保障改革に民主党が政権公約等で掲げた政策を盛り込むべきであると意見が強まり、「新しい年金

制度の創設」と「後期高齢者の廃止に向けた見直し」が掲げられた。

新しい年金制度は、社会保険方式による「所得比例年金」（職種を問わずすべての人が同じ制度に加入、保険料は15％程度）と税財源による「最低保障年金」（満額は現在価値で7万円）の組み合わせからなる。2013年の国会に法案を提出するとしている。旧制度と新制度の両方から年金を支給される期間が続き、新しい年金制度からの年金給付のみを受給する者が出てくるには相当の期間が必要である。

民主党は「マニェスト2010」では、後期高齢者医療制度は廃止し、2013年度から新しい　高齢者医療制度を創設するとした。厚生労働省は2009年11月に「高齢者医療制度改革会議」を発足させ、2010年12月の最終とりまとめを行った。最終とりまとめで打ち出された改革の基本的な方向は、後期高齢者医療制度を廃止するとともに、75歳以上は被用者保険の扶養親族になるか、全年齢を対象とした都道府県単位で運営される国民健康保険に加入するというものである。第1段階として、国民健康保険について都道府県単位の財政運営に向けた環境整備を進めるとともに、75歳以上については現行の後期高齢者医療制度の「独立制度による都道府県単位の財政運営（運営主体：広域連合）」から「都道府県単位の財政運営（都道府県を運営主体とするのが意見の大勢）」へ切り替える。75歳以上の医療給付費に対する公費負担割合は、実質47％から50％へ引き上げる。

2011年秋にスタートした国保制度の見直しに向けての「国と地方の協議」で都道府県知事会代表は、国保の低所得者対策・広域化と後期高齢者医療制度廃止の法案に反対すると言明した。そこで「素案」では、2012年度通常国会に後期高齢者医療制度廃止に向けた見直しのための法案を提出する」と記載されたが、実質的には見送られた。

② 子ども・子育て支援は具体化、2012年通常国会へ法案提出

社会保障改革プランの多くが先送りされる中、2012年法案提出に向けてなお検討事項が残されている中で、2012年通常国会へ提出される法案の内容がほぼ定まったのが、子ども・子育て支援である。幼稚園と保育園を一体化した「こども園」を創設し、民間企業など多様な提供主体による保育事業の量的拡大を進める。法案は2012年3月2日の政府・少子化対策会議で正式決定され、通常国会へ提出された。

　小学校入学前の教育・保育を一体的に行うという点で意義をもつ改革である。ただし私立幼稚園団体の廃止反対を受けて、文部科学省による私立幼稚園補助は存続することになった。「こども園」は、保育士配置や施設整備で高額の負担を伴う3歳未満児の受け入れを義務づけられていないため、3歳未満児が大半を占める待機児童の解消につながるかどうか不透明である。民主党の政府の行政の一元化構想（「家庭省」の創設）は放棄され、内閣府を加えた三元体制となり、むしろ複雑化したとの批判もある。

③　多くの短期的措置・中期的措置が見送り、年金物価スライド特例分の解消は法案提出

　民主党厚労部門会議作業チームのとりまとめにより、医療費のうち70〜75歳未満の自己負担「1割」への凍結解除・2割負担、受診時定額負担、受診時定額負担の導入による増収を財源とする長期高額療養の高額療養費の負担軽減が見送られた。被用者保険料の引き上げにつながる在職老齢年金の見直し（減額基準引き上げ）・高額医療の支援金・介護納付金への総報酬制導入は労使代表の反対により先送りされた。医療・介護・保育等に関する自己負担の合計額に上限額を設ける「総合合算制度」は、番号制度等の導入が前提であるとして見送られた。

　他方、年金の物価スライド特例分の解消については、2012〜2014年度の3年間で解消、2012年度は10月から実施する法案を2012年通常国会へ提出する。

2-2　2012年通常国会会期中の社会保障改革の具体化

　法案化の作業が通常国会会期中にずれこんだ重要な改革は短期労働者への厚生年金・健康保険の適用拡大である。2012年10月27日の社会保障審議会特別部会で関係団体への意見聴取を終えた。厚生労働省案は、加入要件を現行週30時間、年収130万以上から週20時間以上、年収80万円以上に緩和するというもので、約400人が新規加入すると見込まれた。意見聴取では、パートタイマーを多く雇用している関係業界から強い反発が生じた。そこで「素案」では、2012年通常国会への法案提出に向けて、関係者の意見を聴きながら検討するという表現にとどめられた。

　2012年1月下旬、厚生労働省は民主党厚生労働関係議員に、適用要件を週20時間以上に引き下げ、年収80万円以上に引き下げた上で、まず対象企業を従業員300人以上の企業とする案（適用拡大人数は約100万円）を提示した。3月6日には、政府は対象労働者を労働時間週20時間、年収80万円以上、雇用期間1年以上、対象企業を第1段階では従業者1,001人以上、第2段階で501人以上か301人以上とする方向で最終調整に入った。第1段階の適用拡大人数は50万人にとどまる見通しである。当初の構想から大幅に縮小したこの案に対してすら、3月下旬には百貨店、コンビニ、外食産業などは反対の決起集会を開いており、経済界の意向を重視している野田政権では法案成立までは紆余曲折が予想される。

　他方では、3月末には労働者派遣法改正案が民主、自民、公明三党などの賛成多数で成立した。2008年暮れの東京・日比谷における「年越し派遣村」の設置と多数の失業者の可視化を背景として、民主党は2009年の衆議院選挙マニフェストで「派遣労働者は常用雇用を原則とし、製造現場への派遣を禁止する」ことを掲げた。しかし2011年11月の三党合意で政府案から製造業派遣の原則禁止と仕事がある時のみ雇用契約する登録型派遣の禁止が削除された。小泉「構

造改革」下で加速化した格差・貧困の拡大にブレーキをかけ、「生活者重視」の政策に転換することが政権交代への多くの国民の期待であったが、野田政権の下で期待は裏切られつつある。

3　消費税の「社会保障目的税化」と財政再建の財源

3-1　「成案」・「素案」における消費税目的税化と増税分の使途

　「成案」では、消費税収の使途の明確化として、消費税収（国・地方、現行の地方消費税を除く）については、原則として社会保障の目的税とすることを法律上、会計上も明確にすることを含め、区分経理を徹底する等、その使途を明確化する。さらに将来的には社会保障給付にかかる公費全体について、消費税収（国・地方）を主たる財源として安定財源を確保することにより、社会保障制度の一層の安定・強化につなげてゆくとしている。「素案」では、消費税収（国分）は法律上は全額社会保障4経費（制度として確立された年金、医療、および介護の社会保障給付並びに少子化に対処するための施策に要する費用）に充てることを明確にし、社会保障目的税化するとともに、会計上も予算等において使途を明確化することで社会保障財源化すると使途をより具体化している。

　その上で、「成案」では消費税5％引き上げ分の使途（2015年度改革後ベースの消費税率換算）として次の四つをあげている。

① 社会保障の充実　1％（政策増1.4％、政策減−0.4％）
② 既定政策の財源に充当　2％（高齢化に伴う自然増1％、基礎年金財源1％）
③ 機能維持　1％
④ 消費税引き上げに伴う行政経費の増加　1％

　②＋③の3％分が財政再建分（2011年1月の内閣府試算からの中央・地方の基礎的財政収支改善）と位置づけられている。財政再建

分は、赤字国債に依存している財源を直接税を含めた一般税に置き換えるのではなく、専ら逆進的な消費税に置き換えようとするものである。

　成案・素案における四つの使途（税率は2015年度改革後ベース）
① 社会保障の充実　1％（政策増1.4％、政策減−0.4％）
② 既定政策の財源に充当　2％（高齢化に伴う自然増1％、基礎年金財源1％）
③ 機能維持　1％（負担の所得税・法人税から消費税へ置き換え）
④ 消費税引き上げに伴う行政経費の増加　1％

　②＋①が財政再建分（2011年1月の内閣府試算からの中央・地方の基礎的財政収支改善）である。赤字国債にも頼っている社会保障の財源を所得税・法人税を含めた一般税に置き換えるのではなく、消費税に置き換えようとする負担のシフトが、社会保障・税一体改革の根幹である。

　2012年1月20日の閣僚会合では、社会保障以外にも充当される④について批判が出され、特定財源化を徹底するために、④を削除することになった。素直に考えれば消費税率引き上げは4％に引下げられるはずであるが、5％のままで、社会保障の充実に1％、社会保障の安定化に4％（上記②の既定経費の財源と③を読み替えた「将来世代の負担軽減」）充当することとした。「消費税増税5％」がまず設定され、社会保障改革はカムフラージュで、所要額の試算はつじつま合わせであることが露呈している。

3-2　消費税の再増税

　「素案」では成案に記載されなかった「2050年以降、高齢化のピークを迎えることを考慮すれば、今後も改革を進める必要がある。今回の改革に引き続き、少子高齢化の状況、経済の状況などを踏まえつつ、次の改革を実施することとし、今後5年も目途に、そのた

めの所要の法制上の措置を講じることを今回の改正法案の附則に明記する」といういわゆる「消費税再増税」が掲げられている。「はじめに」では、「財政運営戦略」（2010年6月閣議決定）に定められている財政健全化目標（基礎的財政収支の赤字の半減）の達成に向かうことで「社会保障の安定財源確保と財政健全化の同時達成への第一歩となると位置付けている。消費税率5％引き上げは第一歩にすぎないのである。社会保障制度の持続可能性を確保し、同時に2020年度までに基礎的財政収支を黒字化する等の財政健全化目標を達成するため、更なる取組を行っていくことが必要である。

　財務省は2020年度に消費税率で6％分の財源が不足すると試算している。財務省主導の財政再建では、「成案」に掲げられているように、社会保障の公費負担を主に消費税によって調達するという負担のシフトが根幹となるから、10％→15％→20％→25％という相次ぐ税率引き上げが不可避になる。民主党における消費税増税法案の事前審査では、附則の削除を要求する消費税増税反対派と表現の手直しですませようとする政府・与党幹部の対立が続いている。しかし負担のシフトという根幹が堅持されている限り、附則は副次的な問題である。

　むすび
　社会保障・税一体改革成案の「Ⅵ　デフレ脱却の取組み、経済成長との好循環の実現」では、「社会保障・税一体改革により、社会保障分野における潜在需要を顕在化し、安心できる社会保障制度を確立することが、雇用を生み、消費を拡大するという経済成長との好循環を通じて、成長と物価の安定的上昇に寄与する」として、2010年6月に閣議決定された「新成長戦略」[2]の「第三の道」、内需創造型社会への転換を推し進めるものとして位置づけられている。この考え方は「素案」と「大綱」にも引き継がれている。社会保

---

[2] 民主党政権の新成長戦略については、拙稿「〈新成長戦略〉の構想と現実」『自治総研』第386号、2010年12月、55〜71頁を参照のこと。

障・税一体改革の社会保障改革では、充実策（政策増）が盛り込まれているものの、「消費税率引き上げの1％分プラス効率化分」という財政再建最優先の政策による財源の制約により控えめである。総体として社会保障改革は、「将来不安」の払拭による貯蓄から消費への転換を通じて「内需創造型社会」を目指すとする「第三の道」への転換を阻む内容になっている。

すでに小泉内閣における財政再建第1期（2002〜06年）の「福祉見直し」により、福祉を中心とする生活保障機能は著しく弱体化した。「小さな政府」指向を維持して、福祉・教育等の再生を部分的なものにとどめると、中低所得者の生活保障の上で「中央・地方政府」財政支出（サービス提供主体はNPO等多様化）の役割は極小化する。国民は政府に不信感を強め、一層の「小さな政府」を求めるという悪循環に陥ってきた。

格差・貧困の拡大、医療・福祉システムの劣化に国民の不安が高まると、自公政権末期には「小さな政府」指向の政策に転換のきざしがみられた。しかし福祉・教育水準をヨーロッパ大陸先進国水準に積極的に引き上げるよりも、消費税増税により租税負担率を「中型政府」並みに引き上げることを通じて、財政再建を図ることに主な狙いはあった。

民主党政権の「社会保障・税一体改革成案」においても「中型福祉」への転換が掲げられているが、主な狙いは自民党政権末期と同様である。子ども手当（ヨーロッパ先進国では所得制限なしで18歳まで支給されるのが通例であるが、「バラマキ」という強い批判はない）など家族関係支出、障害者福祉、公的扶助（捕捉率＝基準以下の低所得者のうち受給している者の比率が日本はきわめて低い）、教育への公費支出（ヨーロッパ先進国では大学までの授業料は無料が通例）、いずれをとっても社会保障・税一体改革の社会保障改革ではヨーロッパ大陸先進国との格差が縮小する見込みはない。

日本の先進国で突出した高齢化と「生活重視型」成長への転換の必要性を考慮して、ドイツ・フランス水準（「国民負担率」で60〜

65％）の「中型政府」[3]をフレームワークとすべきであると考える。現在は「中型政府」に見合った負担増を国民に求める条件にはない。5〜6年という中期は、その条件整備の期間と位置づけるべきであり、条件整備の基本は「生活重視型」成長への転換である。

---

3)「中型政府」にむけた条件整備と税制のあり方については、拙稿「〈小さな政府〉は行き詰まった―」『世界』2008年4月号、141〜150頁を参照のこと。

Ⅱ
消費税引上げに際して

1　付加価値税（VAT）の負担構造

　図表5-1によれば、付加価値税についていくつかの特徴を見ることができる。一般論で言えば、付加価値税が高税率であれば、消費にはマイナスの影響が出るから、税率が高くなれば高くなるほど消費性向は減少することになり、GDP比での負担率も低くなることになる。日本で、消費税アップに反対する声は、生産者側からは消費の減少、すなわち販売量の減少が懸念されている。消費者側からは可処分所得の減少、生活への影響が心配されている。しかしながら、実際には、集めた税金は財政支出として国民経済の枠組みに戻ってくるのであるから、強い経済、財政の枠組みの中で、必要な分野に戻るのであれば問題はない。単なる配分の変化である。とはいうものの、消費減退によって、高税率国でGDP比消費課税負担へのマイナスの影響がある可能性を考慮しつつ見ていくことにしよう。

　図表5-1に掲載した国々は、GDP比でみた一般消費課税負担率の高い国、標準税率の高い国、ゼロ税率や軽減税率の採用範囲が比較的広い国、狭い国を抜き出したうえで、フランス、ドイツ、日本を加えている。こうした国々の中から、課税ベースの外形的大きさから特徴的な国を基準として取り上げ、比較を行った。イギリス、アイルランドは比較的例外が多くゼロ税率等適用範囲の広い国であり、こうした国の中からイギリスを基準とした。デンマーク、スウェーデン、アイスランド、ニュージーランド、カナダ等は、軽減税

図表5-1 主要国の付加価値税標準税率と実際の負担状況（%）

	GDP比一般消費課税負担率（A）	付加価値税標準税率（B）	(A)/(B)	ニュージーランドの税率換算税率	日本の税率換算税率	デンマークの税率換算税率	イギリスの税率換算税率
アイスランド	10.6	25	0.424	15.8	21.2	25.5	28.1
デンマーク	10.4	25	0.416	15.5	20.8	25	27.6
ハンガリー	10.3	20	0.412	15.3	20.6	24.8	27.3
スウェーデン	9.3	25	0.372	13.8	18.6	22.4	24.7
フィンランド	8.4	22	0.365	12.5	16.8	20.2	22.3
ニュージーランド	8.4	12.5	0.672	12.5	16.8	20.2	22.3
ノルウェー	8.3	25	0.332	12.4	16.6	20.0	22.0
フランス	7.4	19.6	0.378	11.0	14.8	17.8	19.6
アイルランド	7.4	21	0.352	11.0	14.8	17.8	19.6
ドイツ	7.0	19	0.368	10.4	14.0	16.8	18.6
イギリス	6.6	17.5	0.377	9.8	13.2	15.9	17.5
イタリア	6.2	20	0.31	9.2	12.4	14.9	16.4
カナダ	4.5	6	0.75	6.7	9	10.8	11.9
オーストラリア	4.0	10	0.4	6.0	8	9.6	10.6
日本	2.5	5	0.5	3.7	5	6.0	6.6

（出所）*Revenue Statistics* 1965-2007, OECD, 2009, *VAT Rates Applied in the Member States of the European Union*, 2010より作成。

（注）
1) 付加価値税標準税率は2007年1月1日現在、C効率は2003年、その他は2007年数値。
2) ニュージーランドの負担率換算税率%は、各国負担率÷8.4（ニュージーランドの負担率）×12.5% 日本の負担率換算税率%は、各国負担率÷2.5（日本の負担率）×5% デンマークの負担率換算税率%は、各国負担率÷10.4（デンマークの負担率）×25% イギリスの負担率換算税率%は、各国負担率÷6.6（イギリスの負担率）×17.5%

率やゼロ税率など例外が少なく標準税率適用部分が大きい国で、ここではデンマークとニュージーランドを基準としている。これに日本を加え、4か国を基準とする。

縦の列は、基準国の制度、課税ベースを用いたならば、各国の負担率を確保するのにどの程度の税率を必要とするかを示している。日本を基準とすれば、デンマークの負担率を確保するのに税率20.8%、イギリスの負担率を確保するのに13.2%、ニュージーラン

ドの負担率を確保するのに16.8％が必要となる。

　すなわち、日本がデンマークやイギリス程度の税収を得ようと思えば、デンマークやイギリスほど高率の標準税率を必要とせず、ニュージーランドほどの税収を得ようと思えば現在のニュージーランドの税率以上の税率にしないと確保できないということになる。同様に、ニュージーランドの制度、課税ベースを用いればカナダを除くすべての国で、各国で採用している標準税率を必要としないということになり、イギリスの制度を使えば、多くの国で標準税率アップが必要となる。イギリスほどのゼロ税率を採用すれば、日本は現在の税収を得るのに6.6％の標準税率が必要で、逆に日本ほど例外が少なければイギリスの標準税率は13.2％で足りることになる。したがって、課税ベースの大きさは、この4か国を比較すると、ニュージーランド、日本、デンマーク、イギリスの順となる。日本も課税ベースの広い、例外の少ない国の中に入ってくる。

　縦の列を比較してGDP比負担率と標準税率との関係をみれば、概して正の相関をもつといえるが、個別に見ればかなり様々である。GDP比一般消費課税負担率を標準税率で割って標準税率1％当り一般消費課税負担率をみると、0.3％台と0.4％台がほとんどで、カナダ0.75％、ニュージーランドが0.6％、日本が0.5％と高い。とくに、標準税率2桁の中でニュージーランドの状況は際立っており、標準税率がフィンランドやノルウェーの約半分のにもかかわらず負担率はほぼ同等である。

　また、OECDの消費税の傾向（Consumption Tax trends）では、2006年版でC効率性（C-efficiency ratio）を使い、2008年版以降ではVAT収入比率（VAT Revenue Ratio）を用いて、どの程度税が徴収できているか、徴収割合を比較する指標をあげている。図表5－2によってみよう。

C効率性＝｛（VAT税収／国の消費総額）×100／（VAT標準税率％）｝
　　　　×100

図表5-2　主要国の付加価値税率とC効率性、VAT収入比率

	付加価値税標準税率(2010年)	C効率性(2003年)	VAT収入比率 1992年	VAT収入比率 2000年	VAT収入比率 2008年
アイスランド	25.5	49.2	0.63	0.59	0.54
デンマーク	25	51.6	0.55	0.60	0.62
スウェーデン	25	47.3	0.41	0.52	0.58
ノルウェー	25	52.5	0.52	0.67	0.57
フィンランド	22	52.9	0.54 (1996年)	0.61	0.58
アイルランド	21	55.5	0.46	0.60	0.55
ハンガリー	25	41.3	0.30	0.53	0.57
イタリア	20	38.2	0.39	0.45	0.41
フランス	19.6	45.3	0.52	0.50	0.49
ドイツ	19	50.5	0.62	0.60	0.55
イギリス	17.5	46.4	0.48	0.48	0.46
ニュージーランド	12.5	96.4	0.97	0.98	0.98
オーストラリア	10	53.0	0.46 (2000年)	0.46	0.49
カナダ	5 (連邦)	66.5	0.44	0.67	0.74
日　本	5	65.3	0.69	0.70	0.67
OECD平均		52.9	0.53	0.58	0.58

（出所）*Consumption Tax trends, 2010*, OECD, 2010, *Consumption Tax trends, 2006*, OECD, 2006.

VAT徴税効率＝（VAT税収）／｜（消費総額－VAT税収）×VAT標準税率｜

　消費総額のマクロの数字から見て標準税率で本来徴収可能な税額に対し、実際VAT収入となった額がどれくらいかを見ている点では目指すところは同じである。ただ、C効率性の場合、消費の中にVATを含んでいるため、正確に課税ベースを算定できていないということで、この部分を除いたものがVAT収入比率となる。また、C効率性の場合、100を掛けているので単位は％となり、単一税率でVATとして完全に徴収できれば100、VAT収入比率の場合、単一税率で完全な課税が実現できれば1に近づくことになる。また、ゼロ税率や軽減税率のような例外税率は社会政策的に意味のある場合があり、すべてを「効率性」の面からマイナス評価していいものかどうかということで、この言葉を使わず2008年版以降はVAT収入比

率と表現することとされた。当然のことながら、VAT収入比率を百分率に直した場合、分母が小さくなっているためC効率性より数値が大きい。また、標準税率の高い国の両比率が低く、標準税率の低い国の両比率が高い傾向は同様である。

　乖離は、ゼロ税率を含む軽減税率の存在、医療、教育、金融取引のような免税取引の存在、小規模業者に対する免税等、徴収率が100%でないこと、経済統計（National Accounts）による消費とVAT対象の消費との乖離から生じる。これは、一つに社会政策的なもの、もう一つは税負担回避や納税者の順法精神から生じるものとに分類できる。

　メキシコ、トルコの0.35からニュージーランドの0.98までとなるが、ニュージーランドとルクセンブルク（0.93）はとくに高水準。ニュージーランドの場合、ゼロ税率（なし）や免税などの例外規定の少なさとともに、GSTを生み出す比較的高い住宅投資については経済統計上は消費に含まれないことから、数値にゆがみをもたらしている部分もある。

　スウェーデンは、制度的には比較的例外が少ない国であると思われるが租税回避や脱税のためC効率性、VAT収入比率とも高いというほどでもない[1]。スウェーデンのブラックワーク（課税を逃れた仕事）の規模は、付加価値税の約14%程度で、資本所得税の65%、法人税の33%に比べれば割合的には少ないが、税収の規模が大きいことから金額的には350億SEKに上り、法人税、社会保険料、勤労所得税を上回り、税種別ではトップである[2]。とくに、掃除やベビーシッターのような相対取引の人的サービスの場合、事業内容を完全に把握するのは難しい。スウェーデンの大臣がブラックワークのお手伝いを頼んでいたことが問題になったこともある。国民総背番号制があっても万能ではないことを示している。ただ、1992年に比べ2008年のVAT収入比率は上昇している。これは、1991年に住民

---

1) 鎌倉治子『諸外国の付加価値税（2008年版）』国会図書館調査及び立法考査局、2008年。
2) Tax in Sweden 2009, Skatter i Sverige 2009, Skatte Verket.

登録事務が教会から国税庁に移管され、背番号制のIT基盤データ化が促進された[3]ことも影響しているとみられる。また、イタリアは、イギリスほどゼロ税率や軽減税率を採用していないが、どの数値も最も低くなっている。

　一般的には、標準税率が上がればVAT収入比率は下がり、標準税率が下がればVAT収入比率は上がる傾向にあるが、必ずしも明確ではない。国によっては、公共交通など以前は免税であった分野が課税となったためにかえって収入比率が落ちるケースもあり、影響は一様ではない。日本の消費税は、軽減税率と国内ゼロ税率がない単一の標準税率を適用しているため、VAT収入比率は高い。また、1992年と2008年の間に、税率引き上げの他、限界控除制度の廃止、事業者免税点の引き下げと簡易課税制度の適用上限引き下げ等課税ベースを広げる改正があったが、この間のVAT収入比率の動きに変化は見られておらず、直近の数値ではむしろ下がっている。オーストラリア、スペインは、税率が高い方ではないが、VAT収入比率も低い方となっている。

　1992年、2000年との比較では、VAT収入比率は、カナダ、スウェーデン、ルクセンブルクの上昇幅が大きい。ルクセンブルクは金融取引部門の成長が大きい。

2　負担緩和制度による逆進性緩和

　前項で分かることは、VATとしての標準税率が低いわりにはGDP負担率としては大きい、おそらくは国民の負担感も大きいという日本の消費税の特徴である。財源確保の観点、すなわち現在よりも税収を上げるためには、軽減税率など例外規定を設けないか極力小さくする必要があるが、それでは逆進性の緩和ができない。フリードマンの恒常所得仮説やモディリアーニのライフサイクル仮説

3）高山憲之「スウェーデンにおける税と社会保険料の一体徴収および個人番号制度」一橋大学経済研究所、2008年4月。

などをベースに、恒常所得や生涯所得から消費支出が決まる、すなわち消費支出合計が生涯所得となるとみれば逆進性は存在しないとの議論もあるが、限界消費性向が小さくなる可能性や、高額所得者に資産が多いこと、遺産税でなく相続税方式をとる日本の世代間資産移転税制の不備などを勘案すれば、逆進性の問題なしとはいえない。何よりも、標準税率10％を超えるほとんどの国で、軽減税率を中心とした負担緩和制度が設定されていることからもその必要性は明らかである。ただ、その多くは、EU加盟国であり、国を越えた機関がVATの税率を含む制度について指針を示している。その点で、日本は、これまで世界の一般的傾向からは、自由にずれていくことができたともいえるのである。

負担緩和制度には、納税義務者に対するものと最終負担者たる消費者に対するものとして、免税点、非課税、軽減税率、簡易課税、限界課税等があるが、前段階の業者の税負担を控除できるかどうか、すなわち特例制度利用者の前後で不公平が生じる可能性があることから、制度として必ずしも評価の高くないものもあり、実際、日本でもこれらの多くの部分を縮小、廃止を進めてきた。免税点の引き下げ、簡易課税の縮小、限界課税の廃止。また、中小企業向けに、年間の納税回数を少なく設定していたものを増やし、預かった税を安易に運転資金として回すことにならないよう、徴収率引き上げと公平性の観点からの改革も進められた。また、2012年からは、仕入れ税額控除について設定されていた95％ルール、すなわち仕入れ税額控除算定の際、課税売上げが95％以上であれば全額控除できるというルールを課税売上げ5億円以上の事業者については適用されないようにすることにした。全体としては、大企業向けの課税漏れ調整であり、例外規定を少なく中立性確保を進めるものとして評価できる部分も多い。納税義務者の側の制度改革としては、負担緩和措置の縮小ということになる。

ただし、相変わらず、仕入れ税額控除の要件については帳簿方式が基本であり、その後の改正で請求書等保存も求めるようにしたも

のの、今日までインボイス方式の導入には至っていない。中小零細企業が多い日本の特徴から、当初、導入コストの問題などが取り上げられたが、消費税導入からすでに20年を超え、コンピュータの普及も著しい。納税者番号制とともに複数税率検討に向けて避けて通れない課題である。

　一方、標準税率が低率に据え置かれてきたこともあって、最終負担者である消費者向けの負担緩和、逆進性緩和については進んでいない。複数税率による負担緩和制度としては、おもに軽減税率とゼロ税率がある。ECとして多くの国々でVATが導入される以前には、フランスなど割増税率を置く国もあったが、その後廃止され今日に至っている。

　EUではゼロ税率を認めておらず、食料品、子供用衣類、書籍など幅広く採用しているイギリス、アイルランドを除けば、新聞、公共料金など一部に適用する国がそれも若干ある程度である。軽減税率適用の物品、サービス品目については、国毎に様々であるが、主として社会政策的なサービス、あとは、食料品や書籍、観光、飲食店、交通運賃に採用する国がある。イギリス、アイルランドでゼロ税率となっている子供用衣類は、他国では軽減税率としている国もそれほど多くはなく、ほぼすべて標準税率が適用されている。国際比較の観点からは、細かいものを別とすれば、やはり、食料品をどう取り扱うかということになろう。

　ヨーロッパには、VAT以外の税も含め税負担が大きく、再分配も大きい国が多い。税を集める時には例外が少なくとも、豊富な給付があるということである。たくさん集めてたくさん配る傾向にある。一方で、世論調査で見ても、子ども手当に所得制限を付けるのが当たり前と考える人も多い日本では、払う者も給付される者も極力限定的にと考える。現在の税負担水準や財政の規模について、高齢化による自然増部分程度の負担増を容認するか否かでなかなか結論が出ない状況をみれば、その傾向が大きく変化するとも思われない。そうしてみると、食料品を含む生活必需品を社会政策的観点か

図表5-3　EUのVAT税率　2011年7月現在

国	超軽減税率	軽減税率	標準税率
Belgium	−	6, 12	21
Bulgaria		9	20
Czech Republic	−	10	20
Denmark	−	−	25
Germany	−	7	19
Estonia	−	9	20
Greece	6.5, 13	13	23
Spain	4	8	18
France	2.1	5.5	19.6
Ireland	4.8	9, 13.5	21
Italy	4	10	20
Cyprus	−	5, 8	15
Latvia		12	22
Lithuania	−	5, 9	21
Luxembourg	3	6, 12	15
Hungary	−	5, 18	25
Malta	−	5, 7	18
Netherlands	−	6	19
Austria		10	20
Poland	5	8	23
Portugal	−	6, 13	23
Romania		5, 9	24
Slovenia	−	8.5	20
Slovakia		10	20
Finland		9, 13	23
Sweden		6, 12	25
United Kingdom	−	5	20

（出所）*VAT Rates Applied in the Member States of the European Union*, 7, 2011.
（注）ゼロ税率は除く。ほぼどの国にもゼロ税率はあるがEUが認めていないため、イギリス、アイルランド以外では極めて限定的である。

ら軽減税率としていかなければならないだろう。かつて、1980年代、奢侈品課税としての物品税対象品目の8割が電気製品と自動車であり、品物の種類や自動車の大きさなどによって税率が異なっていたことを考えれば、必ずしも生活必需品とはいえないものを標準税率として、生活必需品を軽減税率とすることを考えるべきである。現在の税率5％を考える時、どうでもいいものまで軽減税率に

しているともいえる。税率設定の仕分けは困難であるが、やはり対応すべき必要があろう。ただ、軽減税率は、税の負担「率」の是正には効果があるものの、減税による絶対額では結果的に低所得者層よりも高所得者層に負担「額」の減少という問題もある。

3 カナダの消費税逆進性緩和型税額控除（GSTクレジット）

　もう一つの負担緩和制度の方式は、税額控除方式によるものである。カナダの連邦の財サービス税GST（Goods and Services Tax）は、イギリスやスウェーデンに見られるような勤労税額控除ではなく、勤労促進や社会保障支出削減策としての機能はない。間接税の逆進性に対応する目的で、税導入時からGST控除制度が導入されている。低所得者に対して、家族構成に応じ税務当局から税額控除として小切手等で直接払い戻し、間接税の負担を軽減している。また、所得制限（日本円で1000万円くらいまで）付きの子ども手当も別にあり、逓減式でとなっている。

　カナダのGSTは、1991年7％で導入、2006年、6％へ引き下げ、同時に所得税も減税した。2008年、連邦税は5％となり、州税は州ごとに決定されることとなった。州税と合わせてHST（Harmonized Sales Tax）ともいわれている。
2009年は以下の通り。

本人	年間 $248（1＄≒81円で20,088円）
配偶者	年間 $248
18歳以下一名につき	年間 $130（10,530円）
夫婦と子ども二人世帯	年間 $753（60,993円）
ひとり親の場合配偶者みなし加算 $248	
単身者加算もあり。物価スライド制。	

　年間所得が2万カナダドル以下の世帯はほとんどすべてがGST控除の受け手となっている。2万カナダドルから3万9999カナダドルについては90％程度が受け取っている。その後漸減し、6万カナ

図表 5-4　カナダGST控除給付（夫婦＋子ども 2 人）

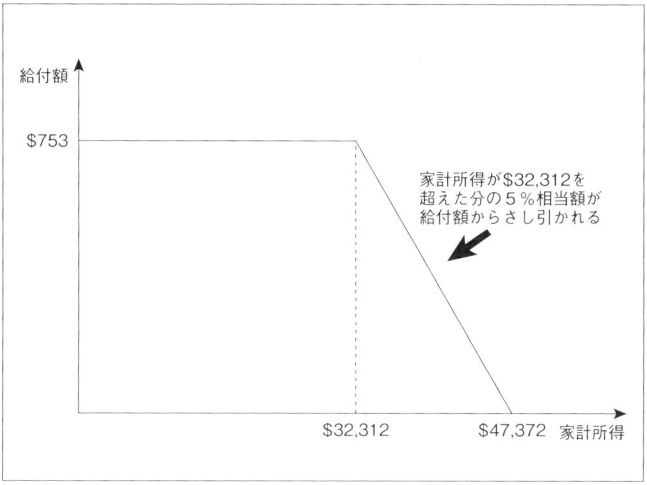

給付額　$753

家計所得が$32,312を超えた分の 5 ％相当額が給付額からさし引かれる

$32,312　$47,372　家計所得

（出所）金子洋一［2009］をもとに修正。

ダドルから 7 万9999カナダドルの世帯については24％となるが、世帯当たりの人数の関係でその後は微増し、10万カナダドル以上の世帯についても33％が受け取っている。

2003年においてGSTによる歳入は306億カナダドル（≒ 2 兆 4 千億円）、約一割に相当する29億カナダドルがGST控除として還付。課税前の総所得は 1 年間に7647億カナダドルであり、GST控除給付は政府による所得移転の約 5 ％であり、給付を受け取る家計にとってその総収入の 1 ％に過ぎない。受給世帯の平均受取額は389カナダドルと低額である。

還付の申し込みにはレシート保管の必要はなく、納税の手続きをすれば、小切手か銀行口座に還付金が振り込まれる方式である。ただ、処理のために社会保障番号の導入もされていることは見ておく必要がある。日本で導入する場合でも、確定申告の際の還付手続きには納税者番号などの導入の必要がありそうだ。

また、一方で、食料、医療サービス、処方箋による医薬品、住宅の賃貸料などのかなり広範囲な免税・ゼロ税率品目もある。VAT

型の間接税を導入している先進国の中で、食料品への軽減税率が導入されていない国は、韓国、デンマーク等のみと極めて少なくなっている。

[参考文献]

金子洋一［2009］『給付つき税額控除カナダの事例』

鎌倉治子［2010］『諸外国の給付付き税額控除の概要』国会図書館調査及び立法考査局。

池上岳彦［2011］「カナダの個人所得税における還付型税額控除」『立教経済学研究』第64巻第3号。

III
税源移譲と地方消費税
―ドイツの経験から―

1　消費税増税と税源移譲

　消費税増税がいよいよ間近に迫るにつれて、増税分の地方への配分のあり方が国・地方双方にとって切実な関心事となっている。地方配分という場合、地方分権の流れの中では地方消費税としての配分が問題の核心部分となる。現在の地方税法では地方消費税の税率は消費税額の「100分の25」（第72条の83）であるが、その改正は当然の前提とされている。

　ところで、国においては1999年度以降、消費税は予算総則において福祉目的に充当することが謳われてきた。しかし、図表5-5に見るように消費税だけでは充当すべき経費総額にははるかに届かない。このような状況の下で、そもそも消費税の増税分を地方に配分する余裕などないといった国側の極論もあるが、それに対する地方の側も福祉行政に関しては国に劣らず地方も重要な役割を演じているとして、社会保障関係費の地方負担分を対置している。

　図表5-6から見る限り2010年度における地方の社会保障関係費割合は全体の37.8%であるから、消費税[1]の地方配分割合（地方消費税＋消費税の地方交付税分）43.6%の方が大きく、今後の増税分は国に優先配分されるべきだという主張もあり得る。しかし、これ

---

1) この場合の「消費税」は国税消費税だけでなく地方消費税も含んでいる。

図表5-5　消費税の使途

○ 消費税の収入が充てられる経費（地方交付税交付金を除く）の範囲（基礎年金、老人医療、介護）を予算総則に規程（平成11年度予算～）

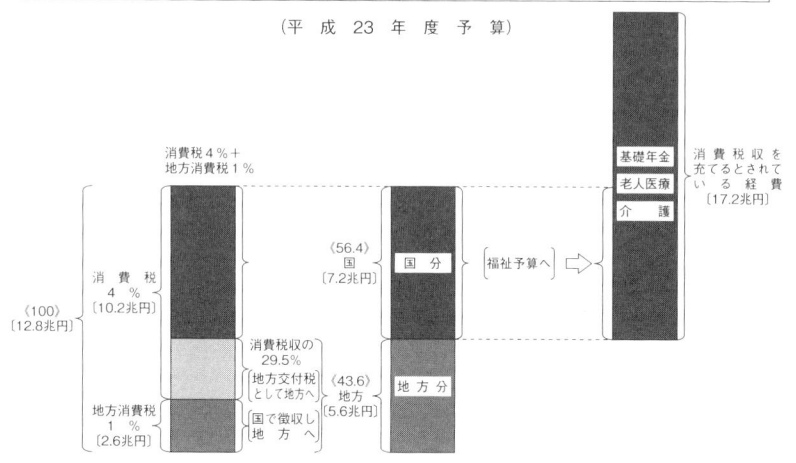

（平成23年度予算）

消費税4％＋地方消費税1％
- 消費税 4％ 〔10.2兆円〕
- 地方消費税 1％ 〔2.6兆円〕
- 〈100〉〔12.8兆円〕

消費税収の29.5%〔地方交付税として地方へ〕
国で徴収し地方へ

- 〈56.4〉国〔7.2兆円〕
- 〈43.6〉地方〔5.6兆円〕

国分 → 〔福祉予算へ〕
- 基礎年金
- 老人医療
- 介護

消費税収を充てるとされている経費〔17.2兆円〕

地方分

（出所）税制調査会（2011）

図表5-6　社会保障関係費に関する地方負担等の将来推計

○ 社会保障費の毎年の自然増は、国費が約1兆円、地方費が約0.7兆円と、共に大幅な増額が毎年見込まれる。

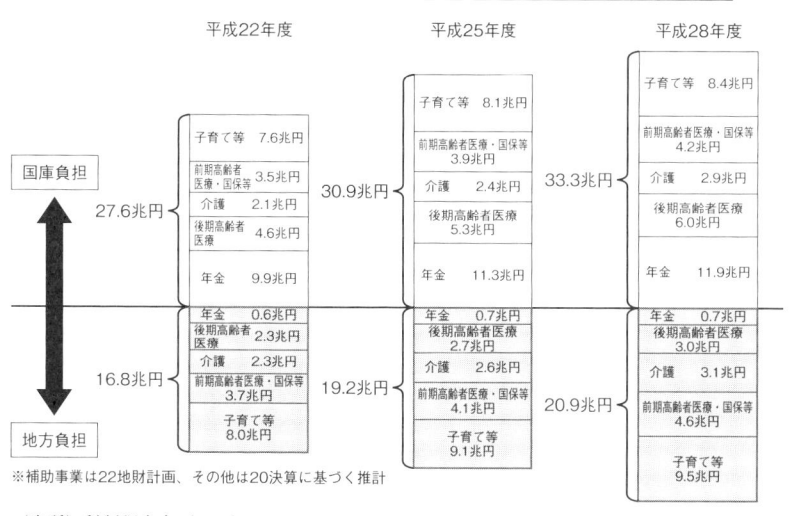

国庫負担

平成22年度　27.6兆円
- 子育て等 7.6兆円
- 前期高齢者医療・国保等 3.5兆円
- 介護 2.1兆円
- 後期高齢者医療 4.6兆円
- 年金 9.9兆円

平成25年度　30.9兆円
- 子育て等 8.1兆円
- 前期高齢者医療・国保等 3.9兆円
- 介護 2.4兆円
- 後期高齢者医療 5.3兆円
- 年金 11.3兆円

平成28年度　33.3兆円
- 子育て等 8.4兆円
- 前期高齢者医療・国保等 4.2兆円
- 介護 2.9兆円
- 後期高齢者医療 6.0兆円
- 年金 11.9兆円

地方負担

平成22年度　16.8兆円
- 年金 0.6兆円
- 後期高齢者医療 2.3兆円
- 介護 2.3兆円
- 前期高齢者医療・国保等 3.7兆円
- 子育て等 8.0兆円

平成25年度　19.2兆円
- 年金 0.7兆円
- 後期高齢者医療 2.7兆円
- 介護 2.6兆円
- 前期高齢者医療・国保等 4.1兆円
- 子育て等 9.1兆円

平成28年度　20.9兆円
- 年金 0.7兆円
- 後期高齢者医療 3.0兆円
- 介護 3.1兆円
- 前期高齢者医療・国保等 4.6兆円
- 子育て等 9.5兆円

※補助事業は22地財計画、その他は20決算に基づく推計

（出所）税制調査会（2010）

図表5-7　消費税及び地方消費税の創設と地方税制

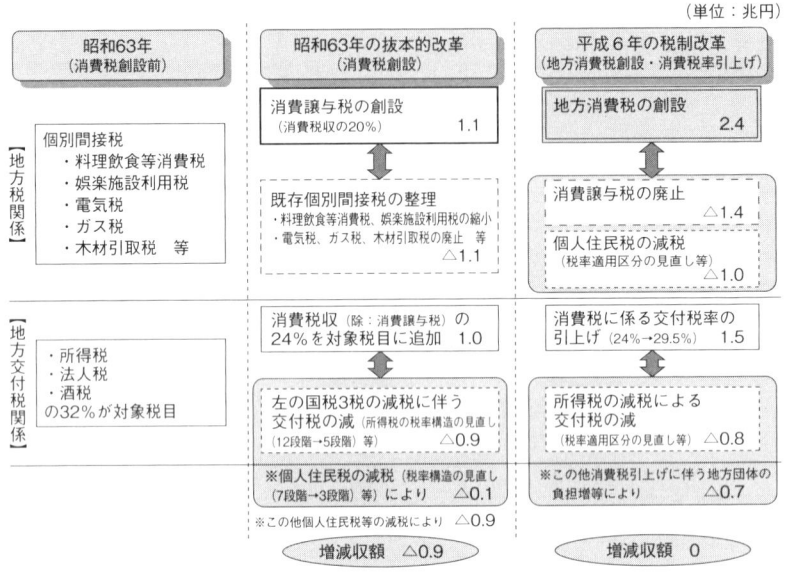

(単位：兆円)

	昭和63年 (消費税創設前)	昭和63年の抜本的改革 (消費税創設)	平成6年の税制改革 (地方消費税創設・消費税率引上げ)
【地方税関係】	個別間接税 ・料理飲食等消費税 ・娯楽施設利用税 ・電気税 ・ガス税 ・木材引取税　等	消費譲与税の創設 (消費税収の20%)　1.1 ⇅ 既存個別間接税の整理 ・料理飲食等消費税、娯楽施設利用税の縮小 ・電気税、ガス税、木材引取税の廃止　等 △1.1	地方消費税の創設　2.4 ⇅ 消費譲与税の廃止　△1.4 個人住民税の減税 (税率適用区分の見直し等)　△1.0
【地方交付税関係】	・所得税 ・法人税 ・酒税 の32%が対象税目	消費税収(除く消費譲与税)の24%を対象税目に追加　1.0 左の国税3税の減税に伴う交付税の減 (所得税の税率構造の見直し(12段階→5段階)等)　△0.9 ※個人住民税の減税 (税率構造の見直し(7段階→3段階)等)により　△0.1 ※この他個人住民税等の減税により　△0.9	消費税に係る交付税率の引上げ (24%→29.5%)　1.5 所得税の減税による交付税の減 (税率適用区分の見直し等)　△0.8 ※この他消費税引上げに伴う地方団体の負担増等により　△0.7
		増減収額　△0.9	増減収額　0

(出所)　図表5-6に同じ。

は「消費税の福祉目的税化」という同じ土俵に乗った議論であって、地方消費税や地方交付税の消費税分は言うまでもなく一般財源であるから、この数字は一応の参考以上のものではない。

　地方消費税は、抜本的税制改革による消費税導入時には消費税の導入のみに力を傾注するため提案が見送られ、1994年の税制改正に際して一連の経緯の末ようやく実現することになったものであるが、財源上の継承関係は既存の消費譲与税の廃止と個人住民税の減税分を代替するものであった（図表5-7）。

　その後、地方消費税の拡充が具体的に取り上げられたのは三位一体改革における「国から地方への税源移譲」の一環としてであった。すなわち、この改革の発端となった片山虎之助総務相（当時）の片山プランⅡ（2002年5月21日、経済財政諮問会議提出）によれば、改革の第1段階で5.5兆円の国庫補助負担金を整理し、その代替財源として所得税3兆円を個人住民税に、消費税2.5兆円を地方消

費税に振り替え、第2段階では地方交付税の見直しに対応してさらに消費税の地方消費税への振り替えを進め、最終的に国と地方の税源割合を1対1とすることが予定されていた。現在行われている社会保障関係費の国・地方分担割合による消費税の分割論議は、地方消費税に限らず消費税の地方交付税分も含むため問題が複雑化しているが、今後増加が避けられない社会保障関係費の地方負担分を背景にした税源移譲論と理解すれば、地方分権論議とも密接に関連する問題である。

　消費税増税をめぐる最新の方針を示したのは「社会保障・税一体改革成案」（2011年6月30日、政府・与党社会保障改革検討本部決定）である。これによって「2010年代半ばまでに段階的に消費税率（国・地方）を10％まで引き上げ」（10頁）ることとされたが[2]、この使途については、「消費税収（国・地方、現行分の地方消費税を除く）については、全て国民に還元し、官の肥大化には使わないこととし、消費税を原則として社会保障の目的税とすることを法律上、会計上も明確にすることを含め、経理区分を徹底する等、その使途を明確化する（消費税収の社会保障財源化）」とされている。すなわち、消費税の地方分に関しては、現行の地方消費税（1％）、地方交付税分（1.18％）は一般財源のままであるが、増税部分については社会保障財源化され、本来一般財源である地方交付税の消費税分までが社会保障財源化されるという奇妙なことになる。

　なお、消費税率引き上げ分5％の配分については、2011年12月29日の「国と地方の協議の場」において、国3.46％、地方1.54％（うち地方消費税1.2％、地方交付税分0.34％）とすることについて政府・地方六団体間の合意が成立した。

　それにしても消費税増税分の国・地方間配分に際しては、消費税を社会保障財源化している国の土俵に地方も引きずり込まれること

---

[2] その後、「社会保障・税一体改革素案」（2012年1月6日、政府・与党社会保障改革本部決定）では、「2014年4月に8％、2015年10月に10％」（27頁）と段階的税率引き上げの具体像が示された。

になっており、このことが今後の増税に際しても既定事実化しかねない。地方消費税の性格、さらには地方交付税の性格がなし崩し的に変更されることは問題であり、消費税を巡る国・地方間の配分ルールについての原則的な検討が求められている。

　そこで海外の事例に目を転じると、1968年以来の付加価値税の歴史を持つドイツでは、共同税という独特の仕組みの中で連邦と州（部分的に市町村も）の間で付加価値税の分割が一定のルールに基づいて行われてきた。ここではその実態を紹介し、わが国における消費税の政府間配分を検討するに際しての参考事例を提供したい。

2　ドイツ付加価値税の政府間配分

　付加価値税はドイツでは歴史的経緯から売上税（Umsatzsteuer）という固有の名称を持っている。第一次大戦以来の取引高税としての売上税から1968年における付加価値税としての売上税への転換に際して、この税は連邦と州の共同税に組み込まれた。従来の共同税は所得税および法人税であり、これに売上税が加わることになった。しかし、この売上税の共同税への組み込みについて、財政力における強力州と弱体州とでは賛否が分かれたという。すなわち、強力州は地域間の税収格差が大きい所得税・法人税への参与比率を一層高めることを利益としたのに対して、弱体州はその格差が相対的に小さい売上税に比重を移すことを望んだからである[3]。結局この税が共同税に編入された後、その一部がさらに売上税事前調整として州間の財政調整にも充てられることになるのであるが、ここではその点は措くとして、連邦と州との間における分割についても既存の共同税である所得税・法人税とは異なる位置づけを与えられた。すなわち、所得税・法人税については連邦・州間の分割比率が事実上の憲法である基本法に規定され（基本法第106条）、その改正がな

---

[3] Renzsch, Wolfgang（1991）, S.230-231. 伊東弘文訳（1999）、316頁。

い限り固定されているのに対して、売上税については連邦・州間の分割比率が基本法ではなく、連邦参議院の同意を要する連邦法に規定され、法改正を通じて比較的頻繁に変更され得ることになっている。

これについて基本法第106条には次のような定めがある。
「（3）…売上税に対する連邦と州の取得分は、連邦参議院の同意を必要とする連邦法で、これを確定する。その確定に際しては、次に掲げる諸原則を出発点とするものとする。
1　経常収入の範囲内においては、連邦と州はその必要経費の補填を求める請求権を均しく有する。その際、経費の範囲は、多年にわたる財政計画を考慮しつつこれを調査するものとする
2　連邦および州の経費補填の要求は、公平な均衡が得られ、納税義務者の過重な負担を避け、連邦領域における生活関係の統一性が保持されるように、相互に調整するものとする
売上税に対する連邦と州の取得分の確定には、1996年１月以降において子ども（の数）の考慮から所得税法上州に生じる租税収入減が、付加的に算入される。…
（4）売上税に対する連邦と州の取得分は、連邦と州との収支関係がはなはだしく変動したときは、これを改めて確定するものとするが、その際には、第3項第5文によって売上税の取得分の確定において付加的に算入される租税収入減は、引き続き考慮に入れないままとする。…[4]」

すなわち、基本法第106条第３項によれば連邦と州は、「必要経費」を補填する限りで、「経常収入」に関する平等な権利を有する。さらに、同条第４項に基づいて、連邦と州の収支関係がはなはだしく変動した場合には、連邦と州における売上税の分割比率が改正される。この収支関係を表す指標とされているのが「補填比率」（Deckungsquote）である[5]。この比率は起債分を除く歳入を歳出

---

4) 訳文は高田敏・初宿正典編訳（2007）による。なお、この訳書では「ラント」とされている個所を本稿では「州」とした。

図表5-8　連邦及び州（市町村を含む）の補填比率

	連邦			州/市町村		
	歳出 10億€	歳入 10億€	補填比率 %	歳出 10億€	歳入 10億€	補填比率 %
1991	205.4	179.5	87.4	280.5	261.4	93.2
1992	218.4	202.5	92.7	309.0	284.6	92.1
1993	233.9	203.2	86.9	321.9	293.8	91.3
1994	240.9	221.1	91.8	328.4	300.3	91.4
1995	237.6	211.9	89.2	336.4	305.2	90.7
1996	232.9	192.9	82.8	338.4	310.8	91.8
1997	225.9	193.4	85.6	334.1	312.4	93.5
1998	233.6	204.7	87.6	334.9	325.8	97.3
1999	246.9	220.7	89.4	338.2	333.5	98.6
2000	244.4	220.6	90.3	342.7	334.8	97.7
2001	243.1	220.3	90.6	351.4	321.6	91.5
2002	249.3	217.5	87.2	353.6	320.6	90.7
2003	256.7	218.1	85.0	357.3	318.4	89.1
2004	251.6	212.1	84.3	354.2	326.0	92.0
2005	259.8	228.6	88.0	357.5	331.7	92.8
2006	261.0	233.1	89.3	360.2	352.7	97.9
2007	270.4	256.1	94.7	364.3	380.0	104.3
2008	282.3	272.2	96.4	377.8	386.1	102.2

（出所）Bundesministerium der Finanzen (2010), S.45.

で除した値であり、連邦及び州（市町村を含む純額）について図表5-8のような推移をたどっており、わずかな例外はあるが、概して州・市町村の「補填比率」が連邦のそれに比べて良好に推移している。

　この20年間における売上税の政府間配分比率の推移は図表5-9のとおりである（2012年以降は見込み）。1990年から2011年までに連邦の割当率は60.1％から53.9％へと6.2％の低下を見せた。基本的には州の割当率上昇によるものであるが、約2％の比率で市町村への割当が新設されたことも注目される。この長期的な変化につい

5）補填比率が「必要経費」に対する「経常収入」の割合を正しく示すとは考えられないが、そもそも「必要経費」、「経常収入」の範囲についても一致した解釈が存在するわけではない。結局、大雑把ながらこの「補填比率」がそれを反映するものとして常に引き合いに出されている。

図表5-9　売上税の政府間割当比率

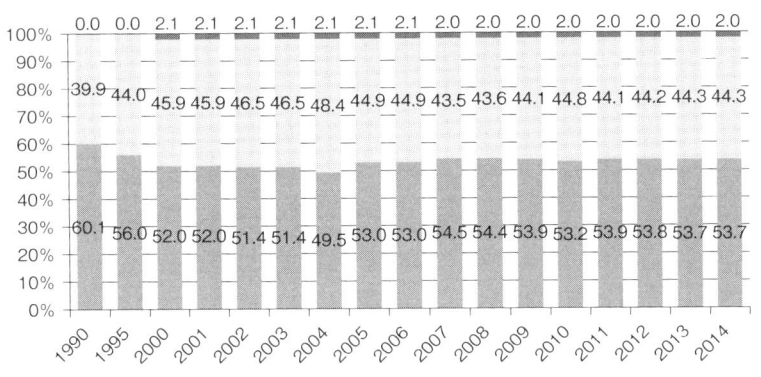

年	連邦	州	市町村
1990	60.1	39.9	0.0
1995	56.0	44.0	0.0
2000	52.0	45.9	2.1
2001	52.0	45.9	2.1
2002	51.4	46.5	2.1
2003	51.4	46.5	2.1
2004	49.5	48.4	2.1
2005	53.0	44.9	2.1
2006	53.0	44.9	2.1
2007	54.5	43.5	2.0
2008	54.4	43.6	2.0
2009	53.9	44.1	2.0
2010	53.2	44.8	2.0
2011	53.9	44.1	2.0
2012	53.8	44.2	2.0
2013	53.7	44.3	2.0
2014	53.7	44.3	2.0

（出所）Bundesministerium der Finanzen, Finanzbericht 2011, S. 78.

て、その概略は次のとおりである[6]。

　州の割当比率の引き上げをもたらした要因の1つは、基本法第104条の引用中にもあるように家族給付調整の改正である。これによって州の負担が高まったことに対応して、1996年から州の売上税割当比率が5.5％だけ引き上げられた。一方、法定年金に対する連邦の補助金引き上げの財源として、1998年から売上税収の3.64％が、1999年から5.63％が事前に連邦のために控除された。それとともに1998年4月からの売上税率引き上げ（15％→16％）の増収分も法定年金への補助金に充当された。さらにその残額から2.2％が、1998年1月以降、市町村に対して営業資本税廃止の補償として割り当てられることになった。2002年以降、こうして残った売上税収の49.6％が連邦に、50.4％が州に連邦法に基づいて割り当てられた。

　2004年には1年限りの措置として連邦から州に対して26.5億€が譲渡された。これは、税制改正による段階的減税の前倒し（2005年を2004年へ）に伴う州の減収に対する連邦の補填措置である。さらに、2005年以降は旧東ドイツ諸州に対する連邦の補充交付金の財源

6）以下の記述は、Bundesministerium der Finanzen, Finanzberichtの各年版によるものである。

として10億€が連邦に委ねられた。

　売上税率の大幅な引き上げ（16％→19％）が実現されたのは2007年1月1日のことである。この時の政府間割当の概要は次のとおりである。

　まず連邦が3％の増税分のうち1％分を取得し、連邦雇用庁（BA）が失業保険料を1％引き下げるための財源とする。この「失業保険前取り」（ALV-Vorab）が売上税収に占める割合は、2007年：4.42％、2008年：4.42％、2009年以降：4.45％となっている。残った売上税収から連邦は、法定年金保険に対する連邦補助金（連邦が1998以降交付している）の財源として2008年以降は売上税収の5.05％を前もって取得する。この比率は従来5.63％であったが、増税の結果相対的に低下したものである。

　これらの控除の後、売上税収の残額から市町村が営業資本税廃止に対する補償として2.2％を受け取る。その後に残った売上税収のうち49.7％が連邦に、50.3％が州に割り当てられる。その際には、2000年1月1日の家族助成法の枠内と2002年1月1日の第2次家族助成法及び連帯協定継続法の枠内で実施された家族給付調整のための従来補償額が売上税の5.5％から6.4％へ0.9％だけ引き上げられたことが考慮されている。2007年1月1日の税率引き上げの結果、州割当は2008年から0.1％だけ低下し、補償額は総額6.3％になる。

　また、連邦割当額については次のように定額が増減された。
2008年　2,262,712,000€
2009年　　933,712,000€
2010年　－234,288,000€
2011年　1,005,378,666€

州の割当額はそれに応じて増減する。これらの定額は、例えば2005年1月1日におけるドイツ統一基金債務の連邦による引き継ぎ（13.2億€／年）、2009年及び2010年の児童手当引き上げ並びに3歳未児童養育の充実に対する連邦の財政的支援等様々な政策措置によって生じたものである。

連邦、州および市町村への実際の売上税割当は法定の売上税割当比率によって算定される。その際、連邦・州の比率は失業保険、法定年金保険および市町村のための事前控除後に残された売上税収に適用される。連邦は2009年には売上税収の53.9％の実質的割合をその事務の遂行のために受け取った（図表5）。長期的に見れば、1980年以降、連邦の売上税の実質的割当は12.8％だけ減少した。この原因は、なによりも州の売上税割当の度重なる引き上げである。すなわち、1980年から今日までに売上税の州への法定割当比率は32.5％（1980年）から50.5％（2004年）へと18％だけ上昇した。確かに、2007年における新たな事前控除額の導入は、連邦割当比率の上昇をもたらした。しかし、その半面で連邦の連邦雇用庁に対する失業保険料引き下げのための拠出が行われ、連邦が独自の財政需要に充当し得る財源はそれだけ削減されたのである。

　要するに、ドイツの売上税は連邦と州・市町村間における財政需要の変化に対応する調整弁として使用されている。すなわち、失業保険料、法定年金保険料の引下げや旧東ドイツ支援措置の財源として、あるいは市町村営業資本税の代替財源として事前に控除した上で、残額を「補填比率」を目安に連邦・州間で分割するというものである。この場合、失業保険料引き下げなど事前控除の対象をどうするか、概念上あいまいな「補填比率」をどこまで尊重するかなど問題はあるが、ともかく緩やかなルールに基づいた売上税の政府間分割が定着している。

3　営業資本税廃止と市町村売上税参与

　前項では売上税の政府間配分に関するルールについてその概略を紹介した。しかし、その具体像、例えば事前控除の対象と金額の決定についての現実は説明しなかった。ここでは、この事前控除の興味深い事例である市町村売上税参与について、その概略を紹介したい[7]。

ドイツの営業税は中世以来の長い歴史的伝統を持つ税とし定着している。第2次大戦後は特に市町村の固有の税源としてその自治を支える財政的基盤を形成してきた。しかし、この税はその固有の性格のゆえに経済・租税制度の近代化の波に洗われながら動揺を繰り返し、かつ変貌を遂げてきた。すなわち、営業税は、従来市町村の行政サービスに対する企業の応益的負担を代表するものとして長きにわたって外形標準課税的性格を維持し、市町村に安定的な収入をもたらす貴重な財源であった。しかし、このことがまさに企業の側からは営業資本税は「収益無関連な」負担をもたらし、ひいては「元本課税」に帰着するものであると批判の槍玉に挙げられてきた。

　第2次大戦後の営業税は、賃金総額税、営業資本税、営業収益税の3要素から構成されたが、前2要素については外形標準課税であるとして企業の不満が大きかったところ、1980年に賃金総額税が、そして1998年にはついに営業資本税も廃止されるにいたった。

　付加価値税の一部への市町村の参加を意味する市町村売上税参与（der Gemeindeanteil an der Umsatzsteuer）は、この営業資本税の代替財源として導入されたものである。この営業資本税の廃止は1990年の東西ドイツ統一を直接の契機にするものであった。すなわち、経済活動が極度に疲弊した旧東ドイツ地域の振興策の一つとして、この地域に限定して時限的に営業資本税の課税が停止されたのであるが、結局、1998年から旧西ドイツ地域も含む全ドイツにわたってこの税が廃止されることになったものである。

　営業資本税から市町村売上税参与への切り替えに際しては、3つの争点があった。第1は、営業資本税廃止の影響額とそれを補償すべき売上税への市町村への参与比率、第2は、旧西ドイツ地域と旧東ドイツ地域への分割割合、第3は、市町村間における配分基準がそれであった。このうち、はじめの2つの問題に関して、市町村を

7）市町村売上税参与に関する文献としては、中村良広（1999）、山内健生（1999）がある。

図表5-10　市町村売上税参与による収入中立的代替

(単位：10億DM、％)

	ドイツ都市会議推計			連邦財務省推計		
	合計	西	東	合計	西	東
営業資本税総額	−8.00	−7.00	−1.00	−7.08	−6.28	−0.80
営業収益税における跳ね返り影響額（連邦大蔵省の仮定に基づく）	1.27	1.12	0.15	1.12	1.00	0.12
営業税総額への影響額計	−6.73	−5.88	−0.85	−5.96	−5.28	−0.68
営業税納付金の変更	1.13	1.04	0.09	1.16	1.09	0.07
うち						
通常の納付金	0.68	0.59	0.09	0.6	0.53	0.07
連帯協定納付金	0.45	0.45	−	0.41	0.41	−
ドイツ統一基金納付金	−	−	−	0.15	0.15	−
営業税純額への影響	−5.60	−4.48	−0.76	−4.80	−4.19	−0.61
（百分比）	100.0	86.4	13.6	100.0	87.3	12.7
売上税参与	5.61	4.85	0.76	4.67	3.94	0.70
（百分比）	100.0	86.4	13.6	100.0	85.0	15.0
うち						
旧西ドイツ地域のための財源強化基金	−	−	−	−0.79	−0.79	−
都市・町村のための売上税残額	5.61	4.85	0.76	3.85	3.15	0.70

(出所) Karrenberg, H., S.68.

代表するドイツ都市会議と連邦政府を代表する連邦財務省が図表5-10のような試算を提示した。

　都市会議と連邦財務省の推計値には一定のずれがあり、営業資本税廃止に伴う減収額を（営業税納付金の変更も含む純額ベースで）都市会議は56億DM、連邦財務省は48億DMと見積もった。売上税の十分な割譲を求める都市会議と、それを最小限に食い止めたい連邦財務省という立場の違いが影響するところもあるとは思われるが、そもそも営業資本税についてはこの税が営業収益税と分離して徴収されていなかったため旧西ドイツ地域における影響額の推計が難しかったこと、あるいはこの税そのものが課税されていない旧東ドイツ地域における推計が困難であったことなど、営業資本税廃止の影響額の推計はかなり粗いものとならざるを得なかった。

　こうした推計に基づいて都市会議は売上税全体に対する市町村売上税の参与比率を2.3％で要求し、一方、連邦財務省は1.9％と主張したが、最終的にこの参与比率は2.2％で決着した。なお、この比

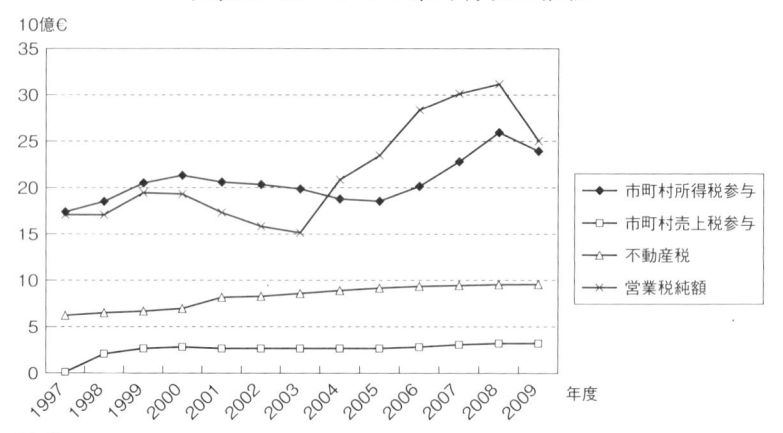

図表5-11　ドイツ市町村税の推移

(出所) Bundesministerium der Finanzen, Finanzbericht 2003, 2005, 2008, 2011.

率は1998年1月の導入時点のものでり、同年4月から売上税率が15%から16%に引き上げられ、しかもこの増税分の1%は年金財源として事前に留保されることとなったため、市町村の売上税総額に対する参与比率は2.1%[8]に低下した。

2005年9月の選挙結果を受けてキリスト教民主同盟／キリスト教社会同盟と社会民主党による大連立政権が誕生し、付加価値税の標準税率は2007年1月から一挙に3%引き上げられて19%になった。この増税分の事前控除については前項で述べたとおりである。市町村売上税参与は、連邦による事前控除後の残額に対して2.2%が割り当てられるため、総額に対する参与比率は実質的に2.0%に低下する。したがって、当初売上税収の2.2%として開始された参与比率は2007年以降2.0%となっている。

市町村売上税参与に至る営業収益税の廃止に際しては市町村の強い反発があった。歴史的に繰り返された、連邦による営業税への

---

[8] 因みに年金財源とされた1%の税率引き上げは標準税率に関するものであり、農林業の産物、家畜飼料、食料品、書籍・印刷物、身体代替具（義足、義手など）などには従来通り7%の軽減税率が継続される。このことも考慮に入れると市町村の参与比率は2.1%となる。

「干渉」（営業税の削減・廃止に帰着する）に対する市町村の根深い警戒心とともに、地域の経済力を反映する税収として市町村と地域経済との「連携」を体現する営業税への都市団体の期待があったからである。しかし、営業資本税の廃止に代えて市町村売上税参与が導入された結果、その収入が安定的でありかつま普遍性に富むことから、財政力が脆弱な多くの市町村からはむしろ歓迎され、今日では完全に市町村税体系の一翼を担う税目として定着している。

4 日本への教訓

　ドイツ売上税の政府間配分に関してはすでに確認したように緩やかなルールが形成されている。とはいえ、「補填比率」を目安に配分する前の事前控除に関してはその時々の政策課題に対応してアド・ホックに決定されている。法定保険料引き下げ、失業保険料引き下げ、旧東ドイツ地域支援、営業資本税廃止への補償などがそれであり、これらを統一的に説明するルールがあるわけではない。

　ドイツは所得税、法人税、売上税という代表的な税を共同税とするという独特の仕組みをとっており、しかもその中で中央・州（市町村）間の財政事情の調整弁とされた売上税は全政府の税収において今日ではそのほぼ4分の1に及ぶ収入をもたらしている。このような税目であればこそ、重要な政策課題に係る財政需要がこの枠内で処理されることになる。しかし、売上税の配分を決定する政策課題や「必要経費」がすべて社会保障関係費に集約されるわけでは決してない。

　一方、現在のわが国の消費税の位置づけはなお相対的に低く、地方消費税も含む消費税がもたらす税収は全政府の税収のうち約16%[9]とドイツのそれを10%程度下回っている。

9） 2009年度決算で国・地方の税収総額は約75兆4,263億円、そのうち消費税（地方消費税）の収入は12兆2,206億円で、16.2%となっている。同じ年度のドイツの売上税の比重は27.1%である。

しかし、今後早い時期に「社会保障・税一体改革成案」が打ち出したように10%への増税が実施されるとすれば、「車の両輪」であるべき所得税の再建状況にもよるが、わが国の消費税が税体系全体において占める地位はドイツの売上税に匹敵するものとなることは十分に予想される。わが国の歳出の最大項目をなし、今後一層その比重が高まると見込まれる社会保障関係費の財源として、消費税が最大の焦点となるのもある意味で自然の成り行きといえる。

　しかし、すでに見たように消費税についてはその安定性、普遍性から地方分権化時代の地方財源としての期待も大きい。地方団体にとっては増嵩する社会保障関係費のための財源としてのみ限定されたのでは不自由である。そもそも、消費税のみを社会保障関係費に連結する必然性は乏しい。所得税、法人税、相続税など多様な財源によって社会保障は実現されるべきである。その意味では、国税レベルではすでに事実上目的税化されているとしても、これを地方レベルにまで拡大することは阻止しなくてはならない。いま、わが国の消費税は、その政府間配分ルールの形成途上で重大な岐路にたっている。長年の歴史の中で、緩やかなルールに従いながら、多様な財政需要を売上税によって吸収してきたドイツの経験は、わが国の今後の消費税の政府間配分の検討に際して一つのヒントを提供しているのである。

[参考文献]

高田敏・初宿正典編訳（2007）『ドイツ憲法集（第5版）』信山社

中村良広（1999）「ドイツ市町村売上税参与の導入と地方自治」『自治総研』1999年12月号山内健生（1999）『「ヨーロッパ統合」時代の地方自治―地方分権の国・ドイツの挑戦』日本法制学会

税制調査会（2010）、平成22年第10回専門家委員会資料（「消費課税（地方税）」）

税制調査会（2011）、平成23年度第8回税制調査会資料（「消費課税」）

Bundesministerium der Finanzen (2010), *Bund/Länder-Finanzbeziehungen auf der Grundlage der Finanzverfassung (Ausgabe 2010)*, Berlin.

Karrenberg, H., Abschaffung der Gewerbekapitalsteuer und Umsatzsteuerbeteiligung der Städte und Gemeinde, *Kommunale Steuer-Zeitschrift* 4/1997.

Renzsch, Wolfgang（1991）, *Finanzverfassung und Finanzausgleich. Die Auseinandersetzung um ihre politische Gestaltung in der Bundesrepublik Deutschland zwischen Währungsreform und deutschen Vereinigung (1948 bis 1990)*.伊東弘文訳（1999）『ドイツ財政調整発展史』九州大学出版会

著者紹介

神野　直彦　　東京大学名誉教授。地方財政審議会会長。
東京大学大学院経済学研究科博士課程修了。専攻は財政学。東京大学教授、関西学院大学教授などを経て、東京大学名誉教授。現職。

星野　泉　　明治大学政治経済学部教授。
立教大学経済学部卒業、明治大学大学院博士前期課程修了、立教大学大学院博士後期課程研究指導修了。専攻は財政学、地方財政論。主な著書に、『分権型税制の視点』（ぎょうせい）、『予算・決算 すぐわかる自治体財政 ―バランスシートから財政健全化法まで』（イマジン出版）、『スウェーデン 高い税金と豊かな生活―ワークライフバランスの国際比較―』（イマジン出版）など。

町田　俊彦　　専修大学経済学部教授。
北海道大学農学部農業経済学科卒。経済学修士（東京大学）。
日本における中央・地方政府の財政関係を研究する一方でドイツの財政再建、中国の財政についての研究に取り組む。
主な著書に、『平成大合併の財政学』（共著、公人社）、『地方分権と財政調整制度―改革の国際的潮流―』（東京大学出版会）など。

中村　良広　　熊本学園大学経済学部教授。
九州大学大学院経済学研究科博士課程単位取得退学
専攻は財政学、地方財政論。著書に『ドイツ統一と東欧変革』（共著）（ミネルヴァ書房、1992年）、『ドイツ州間財政調整の改革―「水平的財政調整」の射程』（地方自治総合研究所、2004年）、『『平成大合併』の財政学』（共著）（公人社、2006年）など。

関口　智　　立教大学経済学部准教授。
東京大学大学院経済学研究科博士課程、新日本監査法人（現：新日本

有限責任監査法人）を経て、現職。専攻は、財政学・租税論。2010〜2011年米国カリフォルニア大学客員研究員。主な著書に、『アメリカの連邦財政』（共著、日本経済評論社）、『アメリカ・モデルとグローバル化Ⅱ』（共著、昭和堂）など。

おわりに

　本書は、21世紀初めの構造改革、新自由主義の見直しを求め、教育、保育、雇用、医療、年金、介護など社会保障の財源確保をどうすべきか、再分配の観点から租税体系の見直し、抜本改革を提言している。

　昭和の高度成長期までは、国民生活の中でコミュニティや血縁関係は大きな要素を占めていたが、企業部門の意義も大きいものであった。大企業を中心とする系列、関連企業、年功序列賃金、終身雇用、企業内組合。公共部門によるサービスや社会保障が十分でなくとも、企業部門の福利厚生が機能していた。また、自営業や中小企業は、企業部門、家計部門、コミュニティをつなぐものとして存在していた。しかし、家族形態の変化や経済面の自由化と国際化が進む今日、こうした企業部門や家計部門の雇用や国民生活にもつ機能、公共部門を補完する機能は明らかに低下してきている。

　日本の制度は、サービス供給や給付について、ミーンズテストを行い困った人を探して提供する選別主義的な分野が多いが、財源確保いいかえれば負担についても、支払可能な一部の納税者に負担を求める選別主義となっている。法人税の課税ベースは狭く、欠損法人も多い。所得税は、家庭内事情を所得控除で対応し、これも課税ベースが広いとはいえない。子ども手当と高校無償化が変化の突破口になるかと思われたが、それも後退しつつある。1980年以降選別主義の特徴である累進課税を簡素化してきたため、高額所得者の負担が著しく減少し、選別主義税制としての一貫性も欠けてきた。消費税こそ、一律の標準税率として導入されたが、税率引き上げに苦悶する。引き上げるとなれば、引き上げ幅が大きくなくとも低所得者対策が真っ先に検討課題となり、インボイス制度などは後回しであった。こうした、サービスが選別的であるからその財源も選別的、一部の人からの負担という考え方では、企業や家計に政府を補完する余力がない以上、国民生活維持の観点からこのまま続けてい

くことは難しい。サービス供給面だけでなく税制面でも課税ベースが広いヨーロッパ型の検討が待たれる。

「社会保障と税の一体改革」は、政治的妥協の中で、社会保障の面でも税制改革の面でも極めて部分的なものとなり、相続税引き上げや所得税最高税率引き上げも削除され、消費税の若干の引き上げ中心ということに終わりそうである。所得税、法人税、消費税を含む租税体系全体の改革と分権的改革こそが、住民生活と住民自治の基礎となり得るのである。また、3.11後の現在、復興と原発問題を新たにかかえることとなり、その必要性はさらに大きくなってきている。

よくわかる社会保障と税制改革
―福祉の充実に向けた税制の課題と方向

発　行	2012年8月8日
著　者	神野直彦・星野泉・町田俊彦・中村良広・関口智
編　集	イマジン自治情報センター
発行人	片岡幸三
印刷所	株式会社シナノ
発行所	イマジン出版株式会社

〒112-0013　東京都文京区音羽1-5-8
電話：03-3942-2520　FAX：03-3942-2623
http://www.imagine-j.co.jp/

ISBN978-4-87299-613-5　C2031　￥2000E

お買い上げいただきましてありがとうございます。
万一、落丁・乱丁の場合は当社にてお取り換えいたします。